한살림이
제안하는
살림밥상
차   림

한살림이 제안하는
살림밥상 차림

1판 1쇄 펴낸 날 2022년 6월 20일
1판 2쇄 펴낸 날 2022년 8월 22일
2판 1쇄 펴낸 날 2025년 9월 1일

기획	한살림식생활센터
요리	강경자, 경봉스님, 고은숙, 고은정, 김경린, 김용무, 류귀애, 뫼내뜰영농조합법인, 박혜영, 법송스님, 선재스님, 성하정, 양미영, 윤송, 윤사라, 이규성, 이병시, 이선미, 이윤서, 이은주, 이재련, 정영미, 정현이, 조소옥, 조정숙, 채송미, 한유정, 황재만, 한살림원주 엄마맘마소모임, 한살림식생활센터(절기식문화연구분과, 전통장연구분과)
요리 일러스트	장연자, 임서연
펴낸곳	도서출판한살림
펴낸이	좌수일
책임편집	장순철
편집	박소현, 문재형, 김영주, 박혜영, 정영미, 정현이, 백모란
출판신고	2008년 5월 2일 제2015-000090호
주소	(우 06740) 서울특별시 서초구 바우뫼로 217
전화	02-6931-3612
팩스	0505-055-1986
블로그	blog.naver.com/salim_story
전자우편	story@hansalim.or.kr

ⓒ 도서출판한살림 2025
ISBN 979-11-90405-39-3 13590

* 이 책의 저작권은 한살림식생활센터에 있으며, 저작권법에 의하여 보호를 받는 저작물이므로 무단 전재와 복제를 금합니다.
* 이 책 내용의 일부 또는 전부를 재사용하려면 반드시 저작권자와 도서출판한살림의 동의를 받아야 합니다.
* 잘못된 책은 구입하신 곳에서 바꾸어 드립니다.
* 책값은 뒤표지에 있습니다.

한살림이
제안하는
살림밥상
차 림

도서
출판 한살림

차례

제철살림밥상

봄

두릅김치 22	산나물감자수제비파스타 31
닭봉&채소튀김 23	간장양파덮밥 32
브로콜리딸기무침 24	고추장빠에야 34
돌미나리도토리묵무침 25	양파짜장볶음 35
미나리메밀전 26	양파가스 36
바지락볶음우동 27	어린잎채소네모김밥 37
방풍나물돼지고기두루치기 28	된장유산슬 38
상추쑥갓겉절이 29	톳두부장떡 39
훈제오리봄나물샐러드 30	잎마늘콩가루찜 40

여름

감자치즈전 41	채식김치만두 53
돼지고기감자찌개 42	오징어누룽지탕 54
가지양념덮밥 43	참외쏨땀국수 55
가지냉떡국 44	치아바타샌드위치 56
마파가지현미덮밥 46	오이고추된장무침 58
고구마순잡채 47	토마토두부소스 59
고수&마늘종고기덮밥 48	여름채소라자냐 60
메밀국수샐러드 49	사찰식 호박전 61
냉잔치국수 50	된장덮밥 62
멸치감자조림 51	막장찌개 63
묵은지잡채 52	고추간장 64

가을

고구마맛탕	65	아욱국	78
고구마무생채	66	양배추햄오믈렛	79
고구마크럼블	67	양배추스테이크	80
당근스프	68	양배추라페	82
버섯들깨탕	70	핫도그케찹떡볶이	83
들깨소스리소토	71	햄버거덮밥	84
배배무덮밥	72	연근조림	85
버섯채소잡채	73	뿌리채소볶음	86
뽀글이장	74	우엉조림	87
브로콜리두부덮밥	75	우엉돼지고기소보로덮밥	88
사과파이	76	우엉찹쌀전병	89
사과팬케이크	77	뿌리채소솥밥	90

겨울

감귤무채	91	무전	101
두부소보로덮밥	92	무포타주	102
두부조림	94	삼치간장조림	103
두부케찹조림	95	미역볶음밥	104
두부찌개	96	시금치유정란만두	105
떠먹는 두부피자	97	시금치채식카레	106
미니두부밥버거	98	콩나물해장국(전주식)	107
매생이굴리소토	99	배추볶음	108
무밥	100	채식팔보채	109

전통살림밥상

봄
- 오신반　　　　　114
- 멍게감자물김치　115
- 톳간장장아찌　　116
- 냉이바지락밥　　117
- 미나리김치　　　118
- 애탕　　　　　　119
- 탕평채　　　　　120
- 죽순겨자채　　　121
- 쑥굴레　　　　　122
- 바람떡　　　　　124
- 수리취떡　　　　125

여름
- 깻잎된장장아찌　126
- 보리열무김치　　127
- 얼갈이열무김치　128
- 오이부추김치　　129
- 오이송송이　　　130
- 쪽파부추김치　　131
- 참외된장장아찌　132
- 초계탕　　　　　133
- 오이감정　　　　134
- 매실청　　　　　135
- 매실장아찌　　　136

가을
- 깍두기　　　　　138
- 고들빼기김치　　139
- 나박김치　　　　140
- 무채간장장아찌　141
- 섞박지　　　　　142
- 우엉김치　　　　143
- 오과차　　　　　144

겨울
- 배추선　　　　　145
- 배추김치　　　　146
- 고등어자반찜　　148
- 빙떡　　　　　　149
- 북어찜　　　　　150
- 매생이굴떡국　　151

토박이씨앗살림밥상

봄
머위두부밥	156
쑥조갯국	157
죽순밥	158
홍화나물육전	159
죽순버섯볶음	160
눈개승마육개장	162
머위대볶음	163
쑥베지볼스프	164

여름
앉은키밀컵케이크	165
노각장아찌	166
찰옥수수전	167

가을
게걸무김치	168
토박이콩스프	169
알토란들깨탕	170
갓끈동부볶음	172

겨울
가지말림볶음	173
토박이콩청국장파스타	174

부록

가을이가 기록한 엄마 애조씨의 생산자 요리법	176
한살림 메주로 장담그기	194
자연의 재료로 만든 한살림양념	199
한살림 조리도구 및 주방용품	210
한살림식생활센터가 하는 일	212
음식 찾아보기	213

추천사

이웃과 세상과
함께 먹는
살림밥상이기를

'한살림이 제안하는 살림밥상 차림'을 발간하며 책이 완성되기까지 한 분 한 분 정성어린 수고에 고마운 마음 전합니다! 그동안 한살림식생활센터가 정성을 들여 다듬고 모은 열매들이 밥 한 그릇에 가득 담긴 것처럼, 책갈피 갈피마다 자연의 은혜와 농부의 땀, 밥 짓는 손길이 고스란히 다가옵니다. 제철밥상, 전통살림밥상, 토박이씨앗살림밥상으로 갈래를 나눈 제목만 보아도 우리가 한살림 하는 까닭을 잘 알 수 있습니다. 자연의 섭리에 순응하며 늘 감사와 겸손함으로 자연과 사람이 하나 되는 철든 재료로 차리는 밥상, 우리가 이 땅에서 먹고 살아 온 숨결과 지혜가 담긴 우리 전통음식이 가진 가치는 땅과 우리 몸의 회복이 절실하게 필요한 요즘 세대에 더 빛을 발하고 있지요. 한살림 매장에 가면 토박이씨앗물품을 만날 수 있습니다. 50여 가지의 토박이씨앗물품이 나오지만 요즘 사람들의 입맛에 조금 생소한 것들도 있어 선뜻 집으로 모셔오기가 망설여지기도 합니다. 토박이물품은 긴 시간 우리 땅에서 적응하며 자라 기후에도 잘 견디고, 사람들에게 이로운 성분을 듬뿍 품고 있습니다. 지금은 여러 이유로 찾아보기 어렵지만 한살림의 뜻있는 농부들의 헌신으로 다시 만날 수 있어 참 고맙습니다. 이 책에는 토박이씨앗물품을 맛있게 먹을 수 있는 방법들이 있어 반갑습니다. GMO식품이 우리 농지와 밥상을 어지럽히는 지금

우리 토박이씨앗물품으로 차린 밥상은 가까운먹을거리를 실천하고, 종자와 생물종다양성을 지키는 길입니다.

생명농업을 위해 남들보다 몇 배의 수고로움으로 지으시는 생산자님들의 투박하지만 생기 가득한 물품으로, 밥을 짓고 함께 먹는 소비자의 실천이 '한살림이 제안하는 살림밥상 차림'의 요리법으로 더 쉽고, 즐거워지리라 기대합니다.
엄마 애조 씨의 생산자 요리법이 딸 가을이로 이어지는 것처럼, '먹는 것'이 나와 우리를 넘어 미래 세대는 물론 '이웃과 세상과 함께 먹는 것'이라는 한살림의 바램이 이 책을 통해 널리 알려지고 실천되길 바랍니다.

조완석 前 상임대표
한살림소비자생활협동조합연합회

추천사

'밥'을 통해서
세상을 살리겠다는
꿈을 향해

한살림식생활센터에서 그동안 많은 노력과 정성으로 '한살림이 제안하는 살림밥상 차림' 요리책을 발간하게 된 것을 진심으로 축하드립니다. 한국인에게는 '밥' 인사가 많습니다. "밥 먹었냐", "밥도 안 먹이고 일을 시킨단 말이냐?", "밥 한 끼 먹자" 등 그만큼 밥 먹는 문화를 중요하게 생각합니다.

한살림이 제안하는 살림밥상이란 어떤 것일까요? 전문 요리사가 차려주는 화려한 밥상보다는 투박하고 소박하지만 속이지 않는 밥상, 정성이 담긴 밥상, 바로 어머니가 차려주신 밥상이라고 생각합니다. 한살림 소비자 조합원이 가정에서 요리를 할 때 물품을 보면서 생산자들을 생각하는 것처럼, 생산자들도 농산물을 생산할 때 소비자를 생각하는 마음… 동학에서 이야기하는 오심즉여심吾心卽汝心… 서로를 생각하는 마음이 바로 한살림이 이야기하고 싶은 생명을 살리는 밥상, 곧 한살림밥상일 겁니다.

맛 좋은 음식이 몸에 좋은 음식이라고 말할 수는 없을 것입니다. 피를 맑게 하고, 힘을 내게 하며, 막힌 것을 뚫게 하는 음식, 바로 순환음식이고, 그 음식은 보약이라고 했습니다. 화려한 식재료를 사용하지 않더라도 제철에 나는 농산물을 가지고 정성껏 요리한 음식은 보약이라고 했습니다. 정성이 담긴 농산물과 정성이 담긴 요리는 한살림이 추구하는 관계의 음식이자, 보약이며 생명살림의 밥상입니다.
음식에 대한 한살림의 일관된 생각과 마음… 밥 한 그릇을 대하는 한살림 사람들의 마음에 정성과 진심이 잘 알려질 수 있도록 이번에 발간되는 책자가 조합원을 넘어서 세상 사람들에게 널리 알려지기를 기대합니다. 뿐만아니라 한살림식생활센터의 활동이 더욱더 풍성해지고 발전되기를 바랍니다.
'밥'을 통해서 세상을 살리겠다는 꿈을 향해 우리 모두 힘냅시다.
감사합니다.

박용준 前 회장
한살림생산자연합회

발간사

지속가능한 살림의
밥상을 차려 내는
귀한 마중물

한살림식생활센터에서 2018년부터 2021년까지 진행한 다양한 강좌 및 활동 과정에서 모아진 귀한 자료들이 한 권의 책으로 만들어져서 세상 밖으로 나오게 되었습니다.

우리가 매일 마주하는 밥상이 어느 순간부터 이 땅에서 우리 농부들이 수많은 유기 생명들과 더불어 재배한 생명 가득 담은 먹을거리들로 채워지기 보다는 세계 각국에서 어떤 방식으로 생산하고 어떤 과정으로 유통되어졌는지 모를 정체불명의 먹을거리들로 채워져 가고 있습니다.

사계절의 햇살과 바람, 비를 맞으며 건강한 토양에서 제철에 자란 먹을거리 대신 농약과 화학비료, 항생제, 성장촉진제 등으로 제철 없이 재배된 식재료들이 먹을거리의 풍요로움이라는 이면 속에 자연의 질서는 무너지고 유기적인 생태계의 순환고리가 단절되는 상황에 놓이게 되었습니다.

날로 심해지는 기후위기, 코로나19 팬데믹 등과 같은 불안정한 시대에 우리나라의 곡물자급률은 2019년 기준 21%밖에 되지 않고, 농업과 농촌 경제공동체는 점점 붕괴되어지고 위태로워졌습니다. 이러한 밥상의 위기 속에서 한살림은 한 알은 땅속의 벌레를 위해, 다른 한 알은 새를 위해, 또 다른 한 알은 사람을 위해 한 구덩이에 콩 세알을 심은 농부의 마음처럼, 조합원 80만 세대, 생산자 2,200여 세대가 모여 우리의 밥상을 건강, 환경, 농업, 생태계, 더 나아가서는 우리 아이들이 살아갈 미래와 지속가능함을 위한 생명의 밥상을 차려내고자 많은 노력들을 해 왔습니다.

생산자는 소비자의 밥상을 책임지고, 소비자는 생산자의 생활을 책임지는 한살림의 첫 시작 그 마음처럼, 한살림은 완성된 것이 아니라 생활하는 사람들이 하루하루 삶을 통해서 만들어가는 것이라는 말씀처럼 밥상에서 하루하루 살림의 밥상을 차려내는 일들은 도시와 농촌, 땅 속의 벌레들과 우주 생명체들이 함께 살아갈 수 있게 하는 소중한 실천임을 믿어 의심치 않습니다.

우주만물을 담은 밥 한 그릇, 생명의 밥상 차림을 위해 전국 각지에서 귀한 살림 요리법들을 보내주신 수많은 한살림 조합원들에게 이 자리를 빌어 마음 깊이 감사드립니다. 여러분들이 나눠주신 살림의 지혜들이 또 다른 많은 사람들에게 살림의 밥상을 차려내고, 지속가능한 밥상을 차려 낼 수 있도록 하는 귀한 마중물이 될 것입니다. 또한, 바쁜 시간을 기꺼이 내어 살림의 말씀들을 나눠주신 조정숙, 나기창, 김지숙 생산자님과 엄마 애조 생산자님의 맛깔난 요리법과 딸 가을이의 일기와 그림들이 이 책을 더욱 귀하고 풍성하게 만들어주었습니다.

마지막으로 책이 출간되기까지 보이지 않는 곳에서 수많은 수고와 노력을 해준 한살림식생활센터 살림꾼들에게 변함없는 감사와 존경의 인사를 드립니다.

이 책이 우리의 밥상살림, 농업살림, 생명살림 세상을 만드는데 조금이나마 도움이 되길 바랍니다.

박소현 센터장
한살림식생활센터

한살림이
제안하는
살림밥상
차　　림

밥상과 농업,
그리고 생명을 살리는 맛있는 실천
밥상차림

| 여기에 담긴 요리는 | "한살림 활동을 하며, 지난봄엔 뭘 먹었더라? 기억이 나지 않아요, 항상 메뉴가 고민이에요, 전통음식은 너무 어려워요, 토박이씨앗의 중요성은 알겠지만 낯설어서 어떻게 활용해야할지 모르겠어요, 복잡한 음식은 힘들어서 밥상차림을 포기하고 싶을 때가 있어요, 들어가는 재료가 다양한 메뉴는 남는 재료가 많아요, 오랫동안 끓이는(많은 에너지를 사용하는) 요리법 괜찮은가요?, 동물성 재료를 과도하게 이용한 요리는 내 몸과 지구에 부담이 돼요, 한살림 양념은 마트 양념과 달라 간을 맞추거나 활용하기 어려워요." |

조합원들의 이런 고민을 담아, 즐겁고 맛있는 밥상차림을 위해 한살림식생활센터에서 살림밥상을 제안합니다.

2018년~2021년 식생활센터의 활동과 사업에서 모아진 요리법들 가운데 활용하기 좋은 요리법들을 엮어낸 책입니다. 지속가능한 식생활에 도움이 되길 바라는 한살림식생활센터의 마음을 담아 만들었습니다.

| 한살림이 제안하는 살림밥상 차림 | **건강한 요리를 만드는 한살림 살림밥상**
친환경 먹을거리가 흔해진 세상이지만, 한살림이 제안하는 살림밥상 차림에는 우리 농업, 우리 밥상, 우리 지구를 위한 깊은 생각이 담겨 있습니다. 사람과 자연, 생산과 소비가 모두 이어지고 연결되어 있다는 인식 속에서 내 몸과 지구에 이로운 물품을 생산하고 공급하고 밥상·농업·생명을 살리는 먹거리를 나누는 곳이 한살림입니다. |

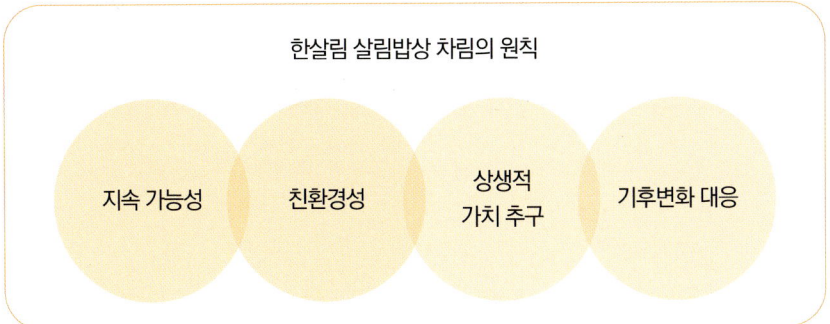

세 가지 주제의 요리

지속가능한 식생활 실천을 가장 잘 나타낼 수 있는 세 가지 주제로 요리법을 정리했습니다.

제철살림밥상

한살림 매장에는 사시사철 같은 물품들이 나오지 않습니다. 마트 장보기와 외식에 익숙하다면 어색하고 불편하게 느껴지기도 하지만, 제철을 알게 되면 다채롭고 반갑게 느껴지기도 합니다. 농사를 지어 생활하지 않는 도시의 조합원에게는 낯설고 어렵게 느껴질 수 있지만, 기후위기를 해결하고 밥상과 농업, 생명을 살리기 위해 꼭 실천해야 할 제철살림 요리법을 엮었습니다. 계절별로 매일매일의 반찬 걱정을 조금이나마 덜어드리겠습니다.

전통살림밥상

지구 반대편의 음식도 배달 주문으로 간편하게 먹을 수 있는 시대에 전통밥상을 왜 알아야 할까요? 가스나 전기 같은 에너지도 냉장고나 믹서 같은 가전제품도 없고, 동물성 식재료가 귀했던 시절에 차렸던 밥상은 우리 몸에 가장 잘 맞으면서도 친환경적입니다. 현 시대에 전통밥상이 가지는 가치를 돌아볼 수 있는 전통살림 밥상을 소개합니다.

토박이씨앗살림밥상

한살림에서는 10년 이상 자가채종으로 생산한 종자를 유전적 형질이 안정화 되어 지속적인 생산이 가능하다고 보고 토박이씨앗으로 정의했습니다. 토박이씨앗은 가까운 먹거리를 넘어서 종자권을 지키고 생물종다양성을 지킵니다. 이런 물품을 활용하는 것은 소비자들이 생산자와 함께 토박이씨앗을 지키는 일입니다. 토박이씨앗을 지키는 맛있는 요리법을 소개합니다.

| 생산자 인터뷰 | 소비자와 생산자가 서로 가까운 사이가 될 수 있도록 한살림 생산자들의 이야기와 요리법을 담았습니다. 내가 이용하는 물품의 생산자들은 어떤 생각을 가지고 물품을 생산해 내는지, 소비자와 같은 한살림운동의 주체로서 생산자들은 어떤 고민과 실천을 하고 있는지 이야기를 들어봅니다. |

| 요리 활용 일러두기 | 요리 관련 아이콘을 통해 보다 손쉽게 요리할 수 있도록 했습니다. |

채식
동물성 식재료를 사용하지 않아 채식인도 이용 가능한 요리법입니다.

GMO-free
GMO로부터 안전한 한살림 콩으로 만든 두부, 간장, 된장 등의 식재료를 사용한 요리법입니다.

비가열
조리 과정에서 불을 사용하지 않는 요리법입니다.

토박이씨앗물품 요리
토박이씨앗물품을 활용한 요리법은 독자들에게 널리 알리고자 토박이씨앗살림연구분과에서 작성한 요리법과 한살림 장보기(shop.hansalim.or.kr) 요리 코너에 등록되어 있는 자료를 함께 등록합니다.

QR코드
요리 중에 QR코드가 있는 경우 스마트폰으로 QR코드를 찍으면 유튜브 한살림TV에서 해당 음식의 조리 동영상을 자세히 보실 수 있습니다.

제철
살림
밥상

한살림 매장에는 사시사철 같은 물품들이 나오지 않습니다. 마트 장보기와 외식에 익숙하다면 어색하고 불편하게 느껴지기도 하지만, 제철을 알게 되면 다채롭고 반갑게 느껴지기도 합니다. 농사를 지어 생활하지 않는 도시의 조합원에게는 낯설고 어렵게 느껴질 수 있지만, 기후위기를 해결하고 밥상과 농업, 생명을 살리기 위해 꼭 실천해야 할 제철살림밥상 요리법을 엮었습니다. 계절별로 매일매일의 반찬 걱정을 조금이나마 덜어드리겠습니다.

제철이요?
생산자, 소비자가
함께 정하는 거죠

서울에 있는 한살림연합 사무실 1층 카페에서 만난 나기창 농부는 굳이 설명하지 않아도 한 눈에 청년임이 분명했다. 작업복 차림도 아니었기 때문에 대화를 나누기 전까진 15년 경력의 농부인 것을 상상할 수 없기도 했다. 그러나 인터뷰를 할수록 잔뼈가 굵은 농부임이 드러났다.

나기창

청년 농부

나기창 농부의 농사는 스펙트럼이 넓다. 본인의 농사 모두를 친환경을 짓는 것은 공통사항이지만 하우스 농사로 토마토, 상추를 기르고 논에서는 토종벼, 밭에서는 토종옥수수를 심고 있으며 얼마 되지 않지만 대추농사도 지어보는 등 다양한 농사를 짓고 있어서다. 그래서인지 기후위기에 대한 체감도 더욱 선명하다. "원래 농사는 기후에 따라 잘 되고 말고가 결정돼요. 암만 잘 돼도 수확 때 비가 퍼부으면 망하잖아요. 그 자체로 짓기 어려운 게 농사인데 이제는 기후위기 때문에 더더욱 힘들어졌죠." 친환경 농사는 병충해 예방이 핵심인데 갑작스런 날씨 변화로 미처 대응하지 못하는 경우가 기후위기로 더욱 자주 발생한다고 덧붙였다. 인건비, 자재비 등 농사짓는데 들어가는 비용은 나날이 오르는데 농산물 값은 제자리라는 말에는 한숨도 났다. 대학을 졸업하고 20대부터 농사짓기 시작한 청년 농부는 향후 어떤 전망을 내다보고 있을까? 앞으로도 계속 농사를 짓게 될 거라는 그의 말에는 반가움보다 안타까운 감정이 먼저 들었다.

제철농사가 무엇인지 궁금하다는 질문에 나기창 농부는 농사와 소비의 현실, 이와 맞물린 제철에 대한 이야기를 실타래 풀 듯 하나하나 사례를 들어 설명한다. 본인이 몸담고 있는 한살림 안에서의 오랜 경험은 제철을 단순하게 정의할 일이 아니라고 한다. 제주도, 남부지방과 강원도 또는 하우스와 일반 밭의 온도 차이 등은 작물의 제철을 달리 적용하게 한다. 한파가 몰아쳐 강원도는 땅이 꽁꽁 얼었지만, 제주도에서는 양배추, 브로콜리 등이 재배되는 걸 생각해보면 무슨 말인지 이해가 된다. 농사 기술의 발달로 같은 작물이지만 이른 시기에 씨를 뿌리고 수확하거나 늦게 심고 수확할 수 있게 된 것도 제철 기간을 넓히는 데 한몫했다. 식생활의 변화와 풍성한 식탁에 대한 요구에 따라 오랜 시간 다양한 농작물을 받아보길 원하는 소비자들의 요구도 커져만 갔다. 농부 입장에서도 너무 짧은 기간 짓는 농사로 생계를 잇는 것은 한계도 있

> 책을 통해서라도
> 농부의 목소리를 전하는 것은
> 반가운 일이지만
> 다양한 만남의 기회를
> 만들고 계속 얼굴을 마주하면
> 좋겠어요.

었다. 그렇게 지금의 제철농사는 확대되고 조정되었다. 그러나 아무리 기술이 발달되고 소비자들이 원한다고 사시사철 모든 것을 먹는 일이 맞는지는 고민이 필요하다고 한다. "석유를 때는 등 너무 많은 에너지를 쓰는 것까지 적합한지 모르겠다."는 그의 대답은 우리에게 고민을 주기까지 한다. 결국 제철이란 생산자와 소비자가 함께 정하는 게 아닐까 싶다.

대학을 졸업하고 얼마 지나지 않아 흙을 만지고 농사를 짓기 시작한 그는 소비자와의 만남인 도농교류에 대한 경험도 많고 감정도 남다르다. 농사짓는 보람을 알게 해 주었고 넘어졌을 때 다시 일어서는 힘을 주는 일이기 때문이다. 코로나로 2년 여간 소비자들을 만날 일이 별로 없었던 건 너무 아쉬운 일이라고도 한다. 농사짓는 게 계속 어려워지고 있는 지금 서로가 얼굴을 맞대 서로를 이해하고 기쁨과 슬픔을 나누는 것만이 해결책이기 때문인 듯하다. "<u>책을 통해서라도 농부의 목소리를 전하는 것은 반가운 일이지만 다양한 만남의 기회를 만들고 계속 얼굴을 마주하면 좋겠어요.</u>"
농부를 만나 농부가 어떤 마음으로 농사를 짓는 지 듣는 일이 가장 중요하다 강조하는 나기창 농부의 진심

어린 눈빛을 보니 그의 말이 절로 수긍이 간다. 사실, 제철 뿐 아니라 모든 농사가 생산자와 소비자가 의논해 짓는 일이 아닌가 싶다.

제철 먹거리란?

국립국어원 표준국어대사전에서는 '알맞은 시절'이라 정의를 한다. 따라서 제철 먹거리라는 것은 어떤 작물을 먹기에 적절한 시기를 뜻할 수 있다.
과거에, 제철 먹거리를 맛 볼 수 있는 기간은 그야말로 한정적이었다. 특히나 저장성이 떨어지는 먹거리는 더 했다. 지금은 농사기술과 저장법의 발달로 제철 먹거리를 맛볼 수 있는 기간은 과거에 비해 비약적으로 늘어났다. 그러나 부작용도 있다. 대표적인 게 석유를 때서 겨울을 나는 작물이다. 국내산이라 하지만 과도한 에너지를 사용해 무더운 나라의 먹거리를 재배하는 것은 불필요해 보이기도 한다. 스마트팜도 비슷한 맥락이다. 특히, 100% 온도와 습도, 채광 등을 통제하는 스마트팜은 과도한 에너지[18] 투입으로 보조금 없이는 운영이 어렵기도 하다. 식물공장이라고 지칭되는 게 과한 표현이 아니다.
과거보다 넓어진 제철 기간을 누리는 건 분명 고마워할 일이지만 계절의 경계 없이 사시사철 모든 먹거리를 먹고자 하는 건 욕심이지 않나 생각도 해 볼 일이다.

봄

두릅김치

 20분　 4인분

재료　두릅 200g, 고춧가루 2큰술, 멸치액젓 2큰술, 다진마늘 1큰술, 다진생강 약간, 매실청 2큰술, 쪽파 30g, 밥 25g, 물 50㎖, 소금

만드는 방법
1. 두릅은 밑동을 먹기 좋은 크기로 자른 뒤 끓는 물에 밑동부터 넣고 데친다.
2. 쪽파는 다듬어 씻어 4㎝로 자른다.
3. 밥과 물을 믹서에 넣고 간다.
4. 볼에 ③과 고춧가루, 멸치액젓, 마늘, 생강, 매실청을 섞는다.
5. ④에 쪽파를 넣고, 데친 두릅을 버무린다.

요리/요리법 2020 면연력 키우는 제철밥상 중 류귀애 님

살림이의 귀띔　땅두릅은 향이 좋아 봄철 입맛을 돋우는 데 좋습니다. 처음 수확하는 땅두릅은 대가 굵고 잎이 별로 없다가 이후에 대가 가늘어지면서 잎이 많아지는 특성이 있습니다.
흔히 두릅이라고 하는 것은 산기슭에서 자생하던 것이어서 땅두릅과 구분하여 산두릅으로 부릅니다.

봄

닭봉 & 채소튀김

 30분   2인분   GMO-free

재료
닭봉 300g, 감자전분 3큰술, 통밀가루 3~4큰술, 우리밀빵가루 약간,
브로콜리 1/2개, 두릅 1봉, 소금·후추·콩기름·물 적당량
간장소스 맛간장 1큰술, 쌀조청 1큰술, 유기쌀올리고당 1큰술

만드는 방법
❶ 브로콜리와 두릅은 먹기 좋은 크기로 자른다.
❷ ①과 닭봉에 소금, 후추로 간 한다.
❸ ②의 닭은 감자전분을 입히고, 채소는 통밀가루와 물로 반죽하여 빵가루를 입힌다.
❹ 팬에 기름을 넣고 달군 후 채소, 닭봉 순서로 튀긴다.
❺ 간장소스 재료를 넣고 끓인다.
❻ ⑤에 튀긴 닭을 넣고 버무린다.

🍲 요리/요리법 2020 면역력 키우는 제철밥상 중 류귀애 님

살림이의 귀띔 채소는 풍성한 봄 제철 채소 중 가능한 종류를 골라 함께 이용하면 좋습니다.

식재료&요리법 이용 도움 GMO로부터 안전한 한살림 콩으로 만든 간장을 사용해 만들었습니다.

브로콜리딸기무침

20분 / 3인분 / GMO-free / 채식

재료
브로콜리 150g, 딸기 10알
잣소스 두부 1/4모, 잣 4큰술, 진간장 1작은술, 소금 1작은술, 설탕 1큰술, 현미식초 1큰술

만드는 방법
❶ 끓는 물에 소금을 넣고, 브로콜리를 1분 정도 데친 후 찬물에 담가 열기를 빼준다.
❷ 냄비에 두부를 데친 후 식힌다.
❸ 데친 브로콜리와 두부는 각각 면보로 싸서 물기를 빼준다.
❹ 딸기는 꼭지를 따고 4등분으로 자른다.
❺ 잣은 주방휴지에 싸서 잘게 다져주고, 나머지 양념을 넣고 섞어 잣소스를 만든다.
❻ 두부는 칼등으로 으깬다.
❼ 볼에 데친 브로콜리, 으깬 두부, 딸기와 잣소스를 넣고 무친다.

요리/요리법 한살림식생활센터 박혜영 님

한살림TV

살림이의 귀띔	브로콜리는 초록색 송이 부분뿐만 아니라 브로콜리 대와 잎까지 다 활용 가능합니다. 브로콜리 대와 잎에도 영양소가 풍부하니 버리지 말고 잘게 다듬어 다양한 요리에 이용해 보세요.
식재료&요리법 이용 도움	동물성 식재료를 사용하지 않아 채식인도 이용가능한 요리법입니다. GMO로부터 안전한 한살림 콩으로 만든 두부와 간장으로 만들었습니다.

봄

돌미나리도토리묵무침

20분 | 2인분 | GMO-free | 채식

재료	도토리묵 1모, 돌미나리 50g, 쑥갓 50g, 청·홍고추 1개씩, 간장양념 5큰술 **간장양념** 진간장 4큰술, 설탕 2큰술, 다진파 1큰술, 다진마늘 1/2큰술, 깨소금 2큰술, 참기름 1큰술, 후춧가루 약간
만드는 방법	❶ 도토리묵은 3×4cm 정도 크기로 썬다. ❷ 돌미나리는 흐르는 물에 씻어 4cm 길이로 썰고, 쑥갓은 어린잎만 준비한 뒤 고추는 어슷하게 썰어 준비한다. ❸ 그릇에 준비한 재료를 담은 후 간장양념을 넣어 살살 버무리거나 따로 곁들인다. 🍳 요리 한살림식생활센터 🍳 요리법 2018 한살림·한식문화관 공동기획강좌 중 채송미 님
살림이의 귀띔	간장양념 요리법은 돌미나리도토리묵무침뿐 아니라 두부조림이나 감자볶음 등 각종 볶음, 조림 요리에 두루 쓰이고 한식 반찬을 만들 때도 활용하시면 됩니다. 청주나 다진양파 등을 넣으면 불고기양념으로도 잘 어울립니다.
식재료&요리법 이용 도움	GMO로부터 안전한 한살림 콩으로 만든 간장을 사용해 만들었습니다.

미나리메밀전

재료	미나리 200g, 메밀가루 100g, 물 300g, 소금 1작은술, 식용유 적당량
	초장 간장 2큰술, 식초 2작은술, 다진마늘 1작은술

만드는 방법

① 미나리는 씻어 4cm 크기로 자른다.
② 메밀가루에 소금을 조금 넣고 물을 붓고 저으면서 풀어준다.
③ 팬에 기름을 두르고 ②의 반죽을 5cm 크기로 얇게 편 후 ①의 미나리를 올린다.
④ ③에 메밀반죽을 살짝 덮은 뒤 앞뒤로 노릇하게 익힌다.

🍲 요리/요리법 2020 면역력 키우는 제철밥상 중 류귀애 님

살림이의 귀띔	향긋한 봄미나리와 잘 어울리는 요리법입니다.
식재료&요리법 이용 도움	동물성 식재료를 사용하지 않아 채식인도 이용 가능한 요리법입니다. GMO로부터 안전한 한살림 콩으로 만든 간장을 사용해 만들었습니다.

봄

바지락볶음우동

 20분   2인분   GMO-free

재료 바지락 350g, 마늘 6알, 참나물 한줌, 우동면 2개, 물 300㎖, 식용유 약간
양념 간장 2큰술, 굴소스 1/2큰술, 설탕 1/2큰술, 액젓 1작은술

만드는 방법
❶ 바지락은 해감하고, 마늘은 편으로 썰며, 참나물은 먹기 좋은 크기로 자른다.
❷ 팬에 식용유를 넉넉히 두르고 ①의 마늘을 볶는다.
❸ ②에 바지락을 넣고 볶다가 바지락이 입을 벌리기 시작하면 물 300㎖와 양념 재료를 넣고 끓인다.
❹ ③에 우동면을 넣고 면이 풀어질 때까지 끓인다.
❺ 불을 끈 뒤 참나물을 넣고 살짝 뒤적여 마무리한다.

요리/요리법 2020 면역력 키우는 제철밥상 중 류귀애 님

살림이의 귀띔 한살림 바지락은 생산자가 서해안 갯벌에서 직접 채취한 자연산으로 산란기 전 2월부터 4월까지 살이 가장 실하고 맛이 좋습니다. 제철을 맞은 바지락으로 만든 온 가족이 즐길 수 있는 요리법입니다.

식재료&요리법 이용 도움 GMO로부터 안전한 한살림 콩으로 만든 간장을 사용해 만들었습니다.

봄

방풍나물돼지고기두루치기

 30분   2인분

재료
목살 200g, 삼겹살 200g, 방풍나물 50g, 대파(흰부분) 1대, 양파 1/2개, 당근 1/4개, 참기름 1큰술, 깨소금 약간, 고추장양념장 7큰술, 현미유 약간
고추장양념장 고추장 3큰술, 간장 1큰술, 고춧가루 2큰술, 설탕 1/2큰술, 생강즙 1/2큰술, 다진마늘 2큰술, 조청 1큰술, 깨소금 1큰술, 참기름 1큰술, 후춧가루 약간
고기 삶는 양념 물 1ℓ, 간장 1.5큰술, 파 뿌리 1개, 생강 2쪽 편으로 썬 것

만드는 방법
❶ 방풍나물은 깨끗이 손질하고, 양파와 당근은 채 썰며, 대파는 어슷하게 썬다.
❷ 냄비에 물, 파, 생강, 간장을 넣고 끓으면 고기를 데친다.
❸ 데친 고기를 찬물에 바로 넣어 헹군 후 물기를 제거하여 한입 크기로 썬다.
❹ 볼에 양념 재료를 넣고 골고루 섞는다.
❺ 팬을 센 불에 달군 뒤 현미유를 약간 두르고 양파, 당근, 한입 크기로 썬 돼지고기와 양념의 80%를 넣어 볶다가 방풍나물과 대파, 남은 양념을 넣어 한 번 더 볶는다.
❻ 불을 끈 뒤 참기름과 깨소금을 뿌려 살짝 뒤적인 후 낸다.

요리 한살림식생활센터
요리법 2018 한살림·한식문화관 공동기획강좌 중 채송미 님

살림이의 귀띔
이 요리법의 고추장양념장은 미리 만들어 두었다가 제육볶음, 닭볶음, 오징어볶음, 낙지볶음, 두루치기 등 매운맛을 내는 각종 볶음이나 조림, 구이 등에 두루 이용하면 좋습니다.

봄

상추쑥갓겉절이

15분

2인분

비가열

재료 손질한 상추 200g, 손질한 쑥갓 100g, 양파 1/4개, 쪽파 5~6뿌리, 통깨 1큰술, 참기름 2작은술, 실고추 약간
양념 고춧가루 2큰술, 다진마늘 1작은술, 생강즙 1큰술, 사과즙 2큰술, 멸치젓 2큰술, 새우가루 1작은술

만드는 방법
❶ 상추와 쑥갓은 연하고 싱싱한 부분을 골라 다듬어 씻어 건진다.
❷ 쪽파는 다듬어서 2~3㎝ 길이로 썬다.
❸ 양파는 반으로 갈라 곱게 채를 썬다.
❹ 실고추는 쪽파와 비슷한 길이로 자른다.
❺ 준비한 양념을 고루 섞는다.
❻ 준비한 양념에 채 썬 양파, 통깨를 넣고 잘 섞는다.
❼ 물기를 뺀 상추에 ⑥을 넣고 살살 버무린 후 참기름을 부려 완성한다.

🍲 요리 한살림식생활센터
🍲 요리법 2019 한살림 전통장학교 중 김용무 님

살림이의 귀띔 같은 양념으로 배추 겉절이를 해도 좋습니다.

봄

훈제오리봄나물샐러드

20분 4인분

재료 훈제오리슬라이스 250g, 봄나물(솔부추 60g, 세발나물 60g, 냉이 100g, 시금치 80g, 쪽파 60g 등), 땅콩크림 2큰술, 간장샐러드소스 2큰술

만드는 방법
❶ 채소는 6㎝ 정도 길이로 자른다.
❷ 달군 팬에 훈제오리를 노릇하게 구워 접시에 담는다.
❸ ②의 팬에 남은 기름을 살짝 제거하고 ①의 채소를 넣어 굽는다.
❹ ②의 접시에 ③의 채소를 보기 좋게 둘러 담는다.
❺ 땅콩크림과 간장샐러드소스를 곁들여 낸다.

🍳 요리/요리법 2020 면역력 키우는 제철밥상 중 류귀애 님

살림이의 귀띔 미나리, 잎마늘 등 다른 다양한 봄나물을 함께 구워 먹으면 좋고, 기호에 따라 겨자소스, 참깨소스 등과 함께 곁들여도 좋습니다.

식재료&요리법 이용 도움
· 한살림 훈제오리는 국내산 참나무 칩으로 훈연한 후, 자가품질검사와 벤조피렌 검출 검사를 마쳐 안전성을 확인하고 공급합니다.
· 보습력을 증가시키는 첨가물을 사용하지 않아 훈제오리 중량이 작아져 크기가 다소 작게 느껴질 수 있고 인산염을 사용하지 않아 해동 시 육즙이 빠져나오는 경우 핏물로 오인하는 경우가 있는데 덜 익은 것이 아니므로 안심하고 드셔도 됩니다.

봄
산나물감자수제비파스타

30분 | 1인분 | GMO-free | 채식

재료 산나물 한줌(약 100g), 감자수제비 한줌(약 150g), 현미유 적당량
소스 두유 1팩, 된장 2/3큰술, 들깨가루 1.5큰술

만드는 방법
❶ 산나물은 씻어서 적당한 크기로 썰어 놓는다.
❷ 수제비는 삶아서 건져 놓는다.
❸ 소스는 두유가 끓으면 된장을 넣고 잘 저어준 후 30초가량 끓여준다.
❹ 들깨가루를 넣어 골고루 섞은 다음 불을 끈다.
❺ 팬에 현미유를 두르고 산나물을 살짝 볶는다(요리 완성한 후 장식할 산나물은 조금 남겨 놓는다).
❻ 수제비를 넣어준 다음 ④의 소스를 부어 섞은 후 불을 끄고 접시에 담고, 조금 남겨 놓은 산나물로 장식하여 완성한다.

요리/요리법 2018 한살림·한식문화관 공동기획강좌 중 경봉스님

살림이의 귀띔 채식인이 아니라면 들깨가루대신 치즈를 사용해도 좋습니다.

식재료&요리법 이용 도움
· 거의 모든 산나물은 뿌리가 한약재이기도 해서 봄에 올라오는 잎과 줄기로 된 나물을 먹으면 그만큼 몸에 좋은 것을 골고루 얻게 되고 입안에서 이런저런 맛과 내음을 한꺼번에 맛보며 즐길 수 있습니다.
· 우유 대신 두유를 사용하는 등 동물성 식재료를 사용하지 않아 채식인이 이용 가능한 요리법입니다.

간장양파덮밥

 15분   1인분   GMO-free

재료
양파 1/2개, 유정란 1개, 밥 1공기, 소금·후추 약간
양념 간장 2큰술, 미온 2큰술, 설탕 1작은술, 다진마늘 1작은술, 물 4큰술

만드는 방법

❶ 양념은 미리 섞어둔다
❷ 양파는 적당한 두께로 채 썬다.
❸ 유정란은 소금을 약간 넣어 풀어둔다.
❹ 팬에 식용유를 두르고 양파가 투명해질 때까지 볶는다.
❺ ④에 ①의 양념을 넣고 풀어둔 유정란을 고루 붓는다.
❻ 뚜껑을 덮어 30초 정도 유정란을 익히고 후추를 뿌려 마무리한다.
❼ 밥 위에 간장양파볶음을 얹어 마무리한다.

요리/요리법 한살림식생활센터 정현이 님

한살림TV

살림이의 귀띔	양파는 기호에 맞게 볶습니다. 아삭한 식감을 좋아한다면 투명해질 때까지, 부드러운 식감을 좋아한다면 볶는 시간을 늘립니다.
식재료&요리법 이용 도움	· 한살림 양파는 4월부터 극조생종이 제주와 무안에서 출하되기 시작해 5월 말부터 6월 중순까지는 중생종이 해남과 부안에서 생산되다가 6월 말 만생종이 제철을 맞습니다. · GMO로부터 안전한 한살림 콩으로 만든 간장을 사용해 만들었습니다.

봄

고추장빠에야

 40분 4인분

재료
쌀 300g, 새우살 200g, 손질해물모음 270g, 양송이버섯 140g, 샐러리 50g, 양파 1개, 마늘 13알, 해물맛국물팩 1봉, 미온·현미유·후추·소금 약간
고추장육수 해물육수 300㎖, 고추장 2큰술, 카레 1작은술, 고춧가루 1작은술

만드는 방법
❶ 쌀은 씻어 불린다.
❷ 양송이버섯은 먹기 좋게 자르고, 마늘은 저며 썰고, 양파와 샐러리는 잘게 다진다.
❸ 현미유를 두른 팬에 양파-샐러리-버섯-마늘-새우살-미온, 후추-해물모음을 순서대로 넣어 볶는다.
❹ 해물맛국물팩으로 육수를 내어 고추장육수를 만든다.
❺ ③에 ①을 넣고 볶다가 ④의 고추장육수를 부어 익힌다.

🍳 요리/요리법 2020 면역력 키우는 제철밥상 중 류귀애 님

살림이의 귀띔	스페인요리로 알려진 빠에야를 한살림 재료로 만들어 보았습니다. 스페인에서는 보통 샤프란을 넣어 노란빛이 도는 밥알을 만드는데 고추장육수로 붉은빛이 도는 밥알을 만들어 색감을 높였습니다. 매콤한 고추장육수에 어우러지는 각종 해산물과 제철 채소들이 면역력을 높이는 데에도 도움을 줍니다.
식재료&요리법 이용 도움	해물맛국물팩은 간편하게 육수를 낼 수 있도록 내장을 제거해 비린맛을 줄인 국내산 멸치, 디포리, 다시마, 새우, 무를 건조해 만듭니다. 무표백 천연펄프를 티백용지로 사용합니다. 여행이나 캠핑 등 야외 취사시에 간편하게 사용할 수 있습니다.
한살림의 맛국물팩 3총사 원재료 구분	해물맛국물팩 멸치, 다시마, 디포리, 새우, 무 얼큰한해물맛국물팩 멸치, 다시마, 디포리, 청양고추, 새우, 무 표고맛국물팩 표고버섯, 새우, 멸치, 다시마, 무

봄

양파짜장볶음

15분 | 1인분

재료

양파 1/2개, 마늘 2알, 돼지고기분쇄육 2큰술, 소금 약간, 식용유 약간
양념 짜장가루 1큰술, 물 1큰술

만드는 방법

❶ 짜장가루는 미리 물에 개어둔다.
❷ 양파는 먹기 좋은 크기로 자르고, 마늘은 편으로 썬다.
❸ 달군 팬에 식용유를 두르고 마늘과 양파를 볶다가 소금으로 간한다.
❹ ③에 돼지고기분쇄육을 넣고 충분히 익을 때까지 볶는다.
❺ ④에 만들어둔 짜장물을 넣고 30초 정도 더 볶아 마무리한다.

🍳 요리/요리법 한살림식생활센터 정현이 님

 한살림TV

살림이의 귀띔
덮밥으로 먹거나 면에 올려 짜장면으로 먹어도 좋고, 입맛 없을 때 반찬으로도 좋습니다.
남녀노소 모두가 좋아할 요리법입니다.

식재료&요리법 이용 도움
제철 양파가 풍성한 봄철 이용하기 좋은 요리법입니다.

양파가스

 20분　 1인분　 GMO-free　 채식

재료

양파 2개, 느타리버섯 반 줌(다섯 가닥 정도), 두부 1/4모, 빵가루 1.5컵, 튀김가루 1컵, 소금 1큰술, 후추 1작은술, 식용유 약간

만드는 방법

❶ 양파와 버섯을 다진 뒤 소금 1큰술을 섞어 10분 정도 절인 후 물기를 짜 놓는다.
❷ 두부도 물기를 꼭 짜준다.
❸ ①과 ②를 섞어 빵가루 반 컵과 후추 1작은술을 넣고 잘 섞어 모양을 잡아 놓는다.
❹ 튀김가루 1컵과 물 1.5컵을 섞어 반죽을 해 놓는다.
❺ 튀김반죽옷을 입혀 빵가루를 앞뒤로 입혀 준다.
❻ 팬에 식용유를 넉넉히 붓고 튀기듯이 노릇노릇, 밝은 갈색이 되도록 구워준다.
❼ 접시에 담아 취향껏 소스를 곁들여 먹는다.

　요리　한살림식생활센터
　요리법　경봉스님

 한살림TV

살림이의 귀띔	한살림 타르타르소스를 곁들이면 튀김의 느끼함을 잡아줘 특히 잘 어울립니다.
식재료&요리법 이용 도움	동물성 재료를 사용하지 않아 채식인도 이용할 수 있습니다. GMO로부터 안전한 한살림 콩으로 만든 두부를 사용해 만들었습니다.

[봄]

어린잎채소네모김밥

20분   1인분

재료 어린잎채소 30g, 밥 1공기, 유정란 2개, 구운 참김 1장, 타르타르소스 2작은술, 소금 1/3작은술, 참기름 2작은술, 식용유 약간

만드는 방법
❶ 유정란에 소금을 약간 넣고 풀어 지단을 부친 뒤 얇게 채 썬다.
❷ 밥을 소금과 참기름으로 간한다.
❸ 주먹밥 틀에 김을 깔고 ②의 밥, ①의 지단, 타르타르소스, 어린잎채소, ①의 지단, ②의 밥을 순서대로 올려 모양을 잡아 김으로 감싼다.

요리/요리법 한살림식생활센터 정현이 님

▶ 한살림TV

살림이의 귀띔
· 어린잎채소는 모양이 반듯하지 않아 둥근 김밥으로 만들면 중간 중간 공기층이 많아져 말기가 어렵기 때문에 네모김밥을 추천합니다.
· 따뜻한 밥 위에 어린잎채소를 바로 넣으면 채소의 숨이 죽고, 물이 나올 수 있어서 채소 사이에 지단을 넣어 바로 닿지 않게 하면 좋습니다.

식재료&요리법 이용 도움
· 한살림 어린잎채소는 토양 없이 배양액을 섞은 물로만 키우는 수경재배 방식을 사용하지 않고 건강한 흙에 직접 심는 직파방식으로 키웁니다.
· 어린잎채소 1봉에는 청경채, 비타민, 비트, 로메인, 엔다이브, 아마란스, 치커리, 롤라로사 등 맛과 향이 다양한 어린잎이 계절과 재배상황에 따라 4종류 이상 담겨 있습니다.

봄

된장유산슬

 30분　 4인분　 GMO-free

| 재료 | 소고기(잡채용) 100g, 손질해물모음 270g, 버섯 300g, 삶은죽순 1/2개, 부추 50g, 대파 2뿌리, 생강 10g, 전분물 적당량, 해산물 데친 물 1컵, 소금·미온·참기름·식용유 약간 |

된장소스 된장 50g, 생강 20g, 대파 3뿌리(60g), 마늘 10알, 참기름 3큰술, 꿀 2큰술, 후추 약간, 물 1컵

만드는 방법

❶ 참기름 두른 팬에 된장소스 재료를 넣고 약불에 익힌다.
❷ 해물모음은 미온을 넣고 데쳐 물기를 빼고, 데친 물은 육수로 사용한다.
❸ 유산슬 재료는 먹기 좋은 크기로 자른다.
❹ 기름 두른 팬에 대파와 생강을 볶다가 소고기 – 해물 – 버섯 – 죽순 순으로 볶는다.
❺ ④에 ②의 해산물 데친 물을 넣고 끓인 뒤, 전분물(전분 1 : 물 1)을 부어 농도를 맞춘다.

◉ 요리　한살림식생활센터
◉ 요리법　2020 면역력 키우는 제철밥상 중 류귀애 님

살림이의 귀띔
· 요리법에는 한살림 삶은 죽순을 이용했으나 봄철 생죽순을 이용하면 더 좋습니다. 한살림에서 공급하는 죽순은 거제지역에서 자란 맹종죽입니다. 국내 죽순은 왕대, 솜대, 맹종죽, 크게 3가지로 나뉘는데 그 중 대부분이 왕대, 솜대이고 맹종죽은 전체의 11% 정도로 다소 드뭅니다.
· 맹종죽은 다른 대나무에 비해 잎이 작고 추위에 약해 남해에 분포하는데 부드럽고 맛이 좋아 으뜸으로 여깁니다. 한살림 삶은 죽순은 생산지에서 직접 재배한 죽순을 삶아 급랭하여 공급합니다.

식재료&요리법 이용 도움　GMO로부터 안전한 한살림 콩으로 만든 간장과 된장을 사용해 만들었습니다.

봄

톳두부장떡

 20분　 1~2인분　 GMO-free　 채식

재료　톳 50g, 청양고추(또는 마늘종) 1개, 식용유
반죽　밀가루 1컵, 두부 1/4모, 고추장 1큰술, 된장 1/2큰술, 물

만드는 방법
❶ 톳은 물에 불려서 청양고추와 함께 잘게 다진다.
❷ 볼에 반죽재료, 톳과 청양고추 다진 것을 섞는다.
❸ 적당히 달군 팬에 식용유를 두르고 한 국자씩 떠서 부친다.

요리/요리법　2019 한살림·한식문화관 공동기획강좌 중 채송미 님

식재료&요리법 이용 도움
· 톳은 모양이 사슴꼬리와 비슷하게 생겨서 녹미채라고도 하는데 혈관을 건강하게 하는 데 도움이 되는 해조류입니다. 톳을 장아찌로도 이용할 수 있습니다. 입안에서 톡톡 터지는 식감이 매력적입니다.
· 동물성 재료를 사용하지 않아 채식인이 이용가능한 요리법입니다.
· GMO로부터 안전한 한살림 콩으로 만든 된장으로 만들었습니다.

잎마늘 콩가루찜

20분

4인분

채식

재료

잎마늘 400g, 생콩가루 1컵, 간장 1큰술, 고춧가루 1큰술, 들기름, 통깨

만드는 방법

❶ 잎마늘은 다듬어 씻은 후 5cm 길이로 자른다.
❷ 생콩가루를 볼에 담아 잎마늘에 콩가루 옷을 입힌다.
❸ 김이 오른 찜기에 젖은 면보를 깔고 콩가루를 입힌 잎마늘을 넣어 5분 정도 찐다.
❹ 찐 잎마늘을 식히고 두꺼운 부분은 반으로 가른다.
❺ 볼에 간장, 들기름, 고춧가루, 통깨로 양념장을 만들고 잎마늘을 넣어 살살 버무린다.

🍲 요리/요리법 한살림식생활센터 절기식문화연구분과

식재료&요리법 이용 도움

잎마늘은 마늘 만큼이나 약선 효과가 있어 체내 지방 축적을 막아주고 가공식품에 많이 들어있는 아질산나트륨 배출에 도움을 주므로 봄철에 자주 먹으면 좋습니다. 잎마늘을 데쳐서 된장무침으로 해도 되지만 고소한 콩가루 옷을 입혀 쪄서 부치면 색다른 별미입니다.

여름

감자치즈전

 40분　 2~3인분

재료　감자 3~4개, 감자전분(또는 밀가루) 6큰술, 우유 2큰술, 설탕 1큰술, 소금 1/4작은술, 버터 1큰술, 식용유 적당량
양념장 진간장 1큰술, 청주 1큰술, 꿀(유기쌀올리고당) 1큰술

만드는 방법
① 감자는 푹 찌거나 삶은 뒤 완전히 으깬다.
② 감자전분, 설탕, 소금, 우유를 넣고 치대어준다.
③ ②를 한입 크기로 뭉친 뒤 가운데 소로 치즈를 넣은 후 둥글납작하게 빚는다.
④ 팬에 기름을 넉넉히 두르고 중약불에서 노릇하게 굽다가 노릇하게 익으면 약불로 줄인 후 버터 한 조각을 넣어 둘러준다.
⑤ 양념장을 한데 섞은 후 ④의 팬에 넣어 함께 졸여낸다.

🍳 요리 　한살림식생활센터
🍳 요리법　2020 서울시 가족요리교실(비대면) 중 채송미 님

식재료&요리법 이용 도움　가족요리교실을 통해 온 가족이 함께 만들어보았던 요리법입니다. 감자가 풍성한 초여름도 좋지만 언중 어느 때라도 어린이를 비롯해 온 가족 간식으로 좋습니다.

돼지고기감자찌개

40분 | 2~3인분

재료 돼지고기(목살 또는 삼겹살) 150g, 감자 1개, 애호박 1/4개, 양파 1/2개, 청·홍고추 1/2개씩, 대파 1/2대, 쌀뜨물 2컵, 새우젓·식용유 약간
양념 고추장 2큰술, 고춧가루 1/2큰술, 다진마늘 1/2큰술, 다진생강 1/2작은술, 미온 1큰술, 후춧가루 약간

만드는 방법

❶ 돼지고기는 한 입 크기로 썰어 분량의 양념재료로 버무린다.
❷ 감자는 껍질을 벗기고 1cm 두께로 썰어서 찬물에 담아 둔다.
❸ 양파는 굵게 썰고 애호박은 반달 모양, 청·홍고추와 대파는 어슷하게 썬다.
❹ 냄비에 식용유를 두르고 양념한 돼지고기와 감자를 넣고 달달 볶다가 쌀뜨물을 붓고 끓인다.
❺ 돼지고기가 익으면 애호박, 양파, 청·홍고추, 대파를 넣고 끓인다.
❻ 마지막에 새우젓으로 간을 한다.

요리/요리법 2019 한살림·한식문화관 공동기획강좌 중 채송미 님

여름

가지양념덮밥

10분 | 1인분 | GMO-free | 채식

재료

밥 1공기(200g), 가지 1개, 불고기갈비양념 3큰술, 들깨가루 1큰술, 현미유 1큰술

만드는 방법

❶ 가지를 잘라 기름을 두른 팬에 볶는다.
❷ ①에 불고기갈비양념을 넣고 자작하게 졸이듯이 볶다가 기호에 따라 들깨가루를 넣어 함께 볶는다.
❸ 접시에 밥을 가지런히 담아 ②를 올려 완성한다.

◉ 요리 한살림식생활센터
◉ 요리법 2018 여름맞이 간편집밥 요리 공모전 최우수상 수상 한유정 님

살림이의 귀띔

· 갖은 양념 대신 한살림불고기양념을 이용해 여름철에 가열시간을 줄이고, 간단히 맛나게 조리하면서 들깨가루를 넣어 영양적으로도 훌륭한 요리법입니다.
· 반찬으로도, 밥에 비벼 한 그릇 요리로도 손색없이 이용할 수 있습니다.
· 청양고추나 한우분쇄육 등을 넣어 기호에 맞게 조리해 먹어도 좋습니다.

식재료&요리법 이용 도움

한살림불고기양념은 배, 양파, 사과, 마늘, 생강과 같은 식물성 재료만으로 만든 간장을 사용해 채식인도 즐길 수 있습니다.

여름

가지냉떡국

 20분　 1인분　 채식

재료

떡국떡 120g, 가지 1/2개, 토마토 1개, 양파 1/8개, 오이 1/4개, 동치미냉면육수 1개

만드는 방법

❶ 가지는 찌거나 데쳐서 먹기 좋은 크기로 찢어놓는다.
❷ 양파는 곱게 채 썰어 찬물에 10분가량 담가둔다.
❸ 오이도 채 썰어 놓는다.
❹ 토마토는 먹기 좋은 크기로 자른다.
❺ 떡국떡은 끓는 물에 4분 이상 푹 삶아 찬물에 헹군다.
❻ 그릇에 ⑤를 담고, ①~④의 채소들을 보기 좋게 올려준다.
❼ ⑥에 동치미냉면육수를 붓는다.

요리 한살림식생활센터
요리법 2019 여름맞이 간편 집밥 요리 공모전 우수상 수상 이은주 님

살림이의 귀띔
· 가지에 간장양념을 하면 더욱더 맛있게 즐길 수 있습니다. 미역, 파프리카 등 기호에 따라 재료를 추가해 줍니다.
· 차가운 음식은 주로 면(밀가루)요리로 먹게 되는데 면(밀가루) 대신 떡을 넣어 자주 먹기에도 부담 없고, 우리 쌀 소비에도 도움이 되는 요리법입니다.
초계 냉떡국, 미역 냉떡국 등 다양하게 활용할 수 있습니다. 일반 떡국떡 대신 조랭이떡을 활용해도 좋습니다.

식재료 & 요리법 이용 도움
동물성 식재료를 사용하지 않아 채식인도 이용할 수 있습니다.

마파가지현미덮밥

50분 | 6인분 | GMO-free | 채식

재료
현미밥 1kg, 가지 4~5개, 양파 80g, 대파 80g, 수수 150g, 물(수수의 2.5배) 생강 15g

양념 된장 2큰술, 고추장 2작은술, 감자녹말 1큰술, 미온 1큰술

만드는 방법
❶ 수수는 삶아둔다.
❷ 대파와 생강, 양파는 다진다. 가지는 3×3cm로 자른 후 소금을 약간 뿌려 두었다가 물기를 짠다.
❸ ①의 냄비에 양념과 다진대파를 넣고 약불에서 5분 익힌다.
❹ ③에 가지와 생강을 넣고 5분 정도 익힌다.
❺ 현미밥을 곁들인다.

요리 한살림식생활센터
요리법 2019 한살림식생활센터 식생활강좌(경북 영주) 중 이재련 님

식재료&요리법 이용 도움
동물성 재료를 사용하지 않아 채식인도 이용가능한 요리법입니다.
GMO로부터 안전한 한살림 콩으로 만든 된장으로 만들었습니다.

고구마순잡채

30분 | 2인분 | GMO-free | 채식

재료 당면 50g, 고구마순 100g, 당근 1/4개, 양파 1/4개, 목이버섯·소금·식용유 약간
양념 간장 2큰술, 설탕 1큰술, 참기름 1작은술

만드는 방법

❶ 당면은 물에 30분 정도 충분히 불린다.
❷ 목이버섯은 따뜻한 물에 불려 먹기 좋은 크기로 찢는다.
❸ 고구마순은 30분간 소금물에 절여 껍질을 벗기고 10㎝ 내외 길이로 자른다.
❹ 당근과 양파는 채 썬다.
❺ 팬에 식용유를 두르고 ②, ③, ④의 채소와 버섯을 넣고 볶으며 소금으로 간한다.
❻ ⑤에 물 200㎖와 ①의 당면, 양념의 간장과 설탕을 넣고 5분 정도 끓인다.
❼ 참기름을 둘러 마무리한다.

요리/요리법 한살림식생활센터 정현이 님

한살림TV

살림이의 귀띔	여름부터 고구마 수확 직전까지 먹을 수 있는 고구마순. 당면만 미리 불려두고 양념 재료를 넣어 볶으면 간단히 잡채가 완성됩니다. 소금물에 절이면 껍질을 벗기기가 훨씬 편합니다.
식재료&요리법 이용 도움	동물성 식재료를 사용하지 않아 채식인도 이용가능한 요리법입니다. GMO로부터 안전한 한살림 콩으로 만든 간장을 사용해 만들었습니다.

여름

고수&마늘종고기덮밥

 10분　 2인분

재료　밥 2공기(200g), 고수 1줌, 마늘종 5줄기, 돼지고기 분쇄육 2컵, 보리새우 1/4컵, 까나리액젓 1큰술, 설탕 1/2큰술, 유정란 2개, 식용유 2큰술

만드는 방법

❶ 마늘종, 고수를 깨끗하게 씻어 송송 썰어 각각 담아둔다.
❷ 액젓에 설탕을 잘 녹게 섞어준다.
❸ 유정란은 기호에 따라 반숙으로 프라이해 준비해 둔다.
❹ 달군 팬에 기름을 두르고 썰어둔 마늘종을 넣고 30초간 볶아 기름에 향이 배어들게 한다.
❺ ④에 돼지고기 분쇄육을 넣고 중간 불에서 고루 익도록 빠르게 볶아준다.
❻ ⑤에 보리새우와 준비해둔 ②를 넣고 간이 고루 배도록 섞어가며 강한 불에서 볶아준다.
❼ 양념이 고루 잘 배면 썰어둔 고수를 넣고 가볍게 섞어준 뒤 불을 끈다.
❽ 접시에 밥을 가지런히 담고 그 위에 ⑦과 ③을 올려 완성한다.

🍴 요리　한살림식생활센터
🍴 요리법　2018 여름맞이 간편집밥 요리 공모전 우수상 수상 성하정 님

살림이의 귀띔
· 마늘종향, 액젓과 고수의 향이 더해져 고기 잡내 없이 이국적인 맛을 즐길 수 있는 요리법입니다. 흔히 쓰는 고추장이나 간장 양념 대신 액젓을 활용하여 외식 같은 특별한 집밥이 생각날 때 만들어 보면 좋을 별미 요리법입니다.
· 기호에 따라 고수의 양을 조절하여 사용합니다.

식재료&요리법 이용 도움
한살림 마늘종은 초여름인 5월 중순부터 7월 초까지 다소 짧은 기간 공급됩니다.
마늘종 대신 아스파라거스나 마늘을 이용해 만들어도 좋습니다.

여름

메밀국수샐러드

 20분   1인분   GMO-free

재료	제주순메밀국수 90g, 양파 1/8개, 로메인 5장
	소스 땅콩크림 1큰술, 곱게 간 참깨 1큰술, 감귤농축식초 1큰술, 맛간장 2작은술, 꿀 1큰술, 다진마늘 1/2작은술, 미온수 2큰술

만드는 방법

❶ 양파는 얇게 채 썰어 찬물에 10분 가량 담가 매운맛을 빼준다.

❷ 로메인은 0.5cm 두께로 채 썰어 준비한다.

❸ 물 1,000~1,200cc(4~5컵/1인분 기준) 정도를 끓인 후 메밀국수를 넣고, 약 5~6분간 삶아준다. 불을 끈 후 4~5분간 뜸을 들인 후 꺼내 찬물에 헹구고 물기를 제거해 둔다.

❹ 분량의 재료를 섞어 소스를 만들고, 물로 농도를 조절한다.

❺ 물기를 뺀 ①, ②에 ④의 소스를 넣고 가볍게 섞는다.

요리 한살림식생활센터
요리법 2019 여름맞이 간편집밥 요리 공모 최우수상 수상 조소옥 님

살림이의 귀띔
· 로메인 대신 치커리, 양상추, 쌈채소 등 기호에 따라 다양한 잎채소를 이용해도 좋습니다.
· 양파 외에도 남은 냉장고 재료들로 샐러드를 더욱 풍성하게 만들 수 있습니다.
· 소스는 땅콩소스에 한살림 감귤농축식초가 더해져 부드러운 신맛과 깔끔하고 개운한 향이 잘 어울립니다.

식재료&요리법 이용 도움
· 제주순메밀국수는 메밀 외의 어떤 첨가물도 넣지 않고 100% 메밀로만 만듭니다. 1960년대 무렵에는 기술이 부족해 도정 시 메밀껍질이 섞이는 경우가 많아 면이 검은색을 띠었지만 도정과 제분 기술이 좋아진 지금은 일부러 저렴한 보릿가루를 태우거나 메밀의 겉껍질가루를 섞어 인위적으로 흑갈색을 내기도 합니다.
· 재료 중 맛간장은 GMO로부터 안전한 한살림 콩으로 만든 간장입니다.

여름

냉잔치국수

 30분　 2인분　 GMO-free

재료

쌀사랑국수 200g
육수 다시마 1조각, 멸치 한 줌, 건미역 1작은술, 건표고버섯 1개, 대파뿌리 2개, 양파껍질 1개 분량, 소금 1/2큰술, 국간장 1큰술, 미온 3큰술, 물 1ℓ
양념 간장 1큰술, 고춧가루 1/2큰술, 설탕 1작은술, 참기름 1작은술, 다진마늘 1작은술, 다진파 1/2큰술, 청양고추 약간

만드는 방법

❶ 멸치를 볶다가 고소한 냄새가 나기 시작하면 미온 3큰술을 넣고 살짝 끓인 후 물 1ℓ와 육수 재료를 넣고 약한 불로 30분 이상 끓인다.
❷ 육수가 다 끓으면 불을 끄고 간을 조금 강하게 맞춘 후 차갑게 식힌다.
❸ ②에서 건진 육수 재료 중 미역과 표고버섯은 고명으로 활용할 수 있도록 먹기 좋은 크기로 썬다.
❹ 쌀사랑국수를 삶아 찬물에 씻어 담고 ③의 고명을 얹고 ②의 육수를 붓는다.
❺ 기호에 따라 양념장을 만들어 곁들인다.

요리/요리법　한살림식생활센터 정현이 님

 한살림TV

살림이의 귀띔
· 멸치의 내장과 머리는 좋은 성분이 많이 들어 있어 떼지 않고 사용합니다.
　내장과 머리를 높은 온도에서 팔팔 끓이면 쓴맛이 나기 때문에 약불에서 육수를 내줍니다.
　내장 특유의 비린맛과 쓴맛이 싫다면 떼고 육수를 끓여도 좋습니다.
· 냉국수로 먹을 때는 온국수로 먹을 때보다 육수의 간을 더 강하게 해줍니다.

식재료&요리법 이용 도움
GMO로부터 안전한 한살림 콩으로 만든 간장을 사용해 만들었습니다.

여름

멸치감자조림

 20분　 4인분　 GMO-free

재료 멸치 10마리, 감자(소) 5~6개, 고추 1개, 대파 약간
양념 간장 2큰술, 고추장 1큰술, 고춧가루 1큰술, 설탕 1큰술, 미온 1큰술, 다진마늘 1작은술, 참기름 약간

만드는 방법
❶ 감자는 껍질째 먹기 좋은 크기로 썰고, 대파와 고추는 얇게 썬다.
❷ ①의 감자에 물 200㎖와 양념, 멸치를 넣고 감자가 익을 때까지 뭉근하게 끓인다.
❸ 고추와 파를 넣고 뒤적여서 마무리한다.

　🍳 요리/요리법 한살림식생활센터 정현이 님

▶ 한살림TV

살림이의 귀띔
· 여름에 나는 감자는 껍질이 얇아 껍질을 벗기지 않고 먹어도 됩니다.
· 다른 요리의 조리과정에서 멸치육수를 내고 남은 멸치를 활용해도 좋습니다.

식재료&요리법 이용 도움 GMO로부터 안전한 한살림 콩으로 만든 간장을 사용해 만들었습니다.

묵은지잡채

30분 | 4인분 | GMO-free | 채식

재료
묵은김치 400g, 당면 100g, 들기름 약간
양념 조선간장 1큰술, 물 1/2컵, 참기름 1큰술, 유기쌀올리고당 1작은술, 다진마늘 1작은술, 참깨 1큰술, 다진대파 1큰술

만드는 방법
❶ 당면은 찬물에 반나절 불린 뒤 건져서 반으로 자른다.
❷ 김치는 물에 한 번 씻은 뒤 가늘게 채 썬다.
❸ 분량의 양념장을 만든다.
❹ 팬에 들기름을 두른 후 김치를 넣어 충분히 볶는다.
❺ 볶은 김치를 한쪽으로 밀고 양념을 넣어 끓인 뒤 당면을 더해 윤기가 날 때까지 젓가락으로 저어가며 익힌다.
❻ 참기름과 통깨를 뿌린다.

요리/요리법 한살림식생활센터 박혜영 님

▶ 한살림TV

살림이의 귀띔
· 지난 가을 김장 김치를 겨울내내 먹었고 이듬해 봄, 여름까지 남기 때문에 자연스럽게 묵은지가 만들어집니다. 더운 여름 묵은지요리로 입맛을 돋굴 수 있습니다.
· 김치가 짜면 반나절 정도 물에 담가 짠기를 뺀 뒤 이용하고 그래도 짜다면 간장 양을 줄입니다. 김치의 군내가 심하면 올리고당 대신 설탕을 이용하세요.

식재료&요리법 이용 도움
동물성 식재료를 사용하지 않아 채식인도 이용가능한 요리법입니다.
GMO로부터 안전한 한살림 콩으로 만든 간장을 사용했습니다.

여름

채식김치만두

50분 | 4인분 | 채식

재료 묵은김치 1/4포기, 당면 50g, 대파 1/2대, 마른두부 1/2모, 불린표고버섯 3개, 부추 50g, 감자전분 1큰술, 고춧가루 2큰술, 만두피 1팩
양념 조선간장 1큰술, 유기쌀올리고당 1작은술, 다진마늘 1작은술, 참기름 1작은술, 참깨 1작은술

만드는 방법
❶ 표고버섯과 당면은 미리 찬물에 반나절 불린다.
❷ 대파는 잘게 다지고, 두부는 물기를 제거한 뒤 잘라 으깬다.
❸ 부추는 0.5cm 길이로 자르고, 당면은 1~2cm로 자른다.
❹ 불린 표고와 김치는 물기를 꼭 짜서 잘게 다진다.
❺ 손질한 재료에 감자전분과 고춧가루를 넣어 섞은 후 준비한 양념 모두를 더해 잘 섞는다.
❻ 만두를 빚어 김이 오른 찜기에 20분 찐다.

요리/요리법 한살림식생활센터 박혜영 님

▶ 한살림TV

살림이의 귀띔 묵은김치가 많이 남았을 때 만들어 먹으면 좋은 요리법입니다.
식재료&요리법 이용 도움 돼지고기분쇄육 등 동물성 식재료를 사용하지 않아 채식인도 이용가능한 요리법입니다.

여름

오징어누룽지탕

 30분   2인분

재료
짭짤하게 튀겨낸 오징어 200g, 누룽지 90g, 대파 1/2개,
제철채소·식용유·참기름 약간
소스 간장샐러드소스 4큰술, 굴소스 1큰술, 녹말물(물 2 : 전분 1) 4큰술,
물 400㎖, 설탕 약간

만드는 방법

소스 만들기
❶ 간장샐러드·굴소스, 설탕을 한데 넣고 한소끔 끓으면, 물 400㎖를 넣고 끓인다.
❷ 녹말물(물 2 : 전분 1)을 넣어 걸쭉하게 농도를 맞춘다.
❸ ②의 불을 끄고 참기름을 두른다.

누룽지탕 만들기
❶ 제철채소와 대파는 적당한 크기로 자른다.
❷ 기름을 두르지 않은 팬에 짭짤하게 튀겨낸 오징어와 제철채소를 볶는다.
❸ ②와 누룽지를 그릇에 담고 분량의 양념대로 소스를 끓여 붓는다.

요리/요리법 2020 면역력 키우는 제철밥상 중 류귀애 님

살림이의 귀띔	한살림 가공품 '짭짤하게 튀겨낸 오징어'와 누룽지, 간장샐러드소스, 굴소스 등으로 간편하게 만들 수 있는 요리입니다.
식재료&요리법 이용 도움	여름철이 제철인 오징어를 활용해 오징어튀김을 직접 만들어 드시면 더 좋습니다.

여름

참외쏨땀국수

20분

2인분

재료
쌀사랑국수 80g, 참외 1/2개, 오이 1/2개, 방울토마토 5~6개, 당근 1/5개, 고추 1/3개, 마늘 2알, 볶은 건새우 1/2큰술, 유정란 1개, 땅콩가루·참깨 약간
소스 액젓 1큰술, 식초 1/2큰술, 매실액 1큰술, 설탕 1큰술, 레몬즙 1큰술

만드는 방법

❶ 참외는 세로로 잘라 속을 제거하고, 오이는 돌려 깎아 씨를 제거하고, 당근은 손질하여 가늘게 채를 썬다.
❷ 방울토마토는 먹기 좋게 썰어둔다.
❸ 절구에 고추, 마늘, 볶은 건새우를 넣고 빻는다.
  ※ 이때 방울토마토와 참외를 약간 넣고 함께 빻으면 과즙이 나와 소스가 더 맛있어진다.
❹ ③에 손질해둔 채소와 과일, 소스재료를 모두 넣고 섞어준다.
❺ 쌀사랑국수와 유정란을 각각 삶는다.
  ※ 유정란을 삶는 대신 스크램블이나 지단으로 준비해도 좋다.
❻ 삶은 국수에 ④를 올리고, 기호에 따라 땅콩가루와 참깨를 뿌려 완성한다.

요리 한살림식생활센터
요리법 2018 여름맞이 간편 집밥 요리 공모전 당선 한살림원주 엄마맘마 소모임

살림이의 귀띔
· 쏨땀은 그린파파야와 피시소스로 만드는 태국식 샐러드인데, 참외와 우리 액젓을 이용해 창의적으로 만든 요리법입니다.
· 불 사용이 적고, 국수로 활용해 반찬용 샐러드가 아닌 여름철 한끼 식사로도 좋습니다. 고추를 빼면 아이들도 맛있게 먹을 수 있습니다.

여름

치아바타샌드위치

30분 | 2인분

재료 플레인치아바타 1개, 쌈양상추 4장, 토마토 1/2개, 유정란 1개, 양파 1개, 사과농축식초 2큰술, 마요네즈 1큰술

만드는 방법
1. 양파는 채 썰어 팬에 기름을 두르고 볶다가 갈색이 되면 사과농축식초를 넣어 볶아 식힌다.
2. 팬에 기름을 두르고 유정란을 익혀 프라이를 만든다.
3. 토마토는 얇게 썬다.
4. 플레인치아바타는 반으로 가르고 안쪽 면에 마요네즈를 바른다.
5. ④위에 쌈양상추와 ①의 양파, 토마토, 유정란, 플레인치아바타를 순서대로 올린다.

요리/요리법 한살림식생활센터 정현이 님

한살림TV

| 실패의 위험 | 양파를 충분히 볶지 않거나 잘 식히지 않으면 물이 나와 치아바타가 젖어 먹기 불편하게 될 수 있습니다. 물이 나올 수 있는 양파와 토마토는 빵에 바로 닿지 않게 하는 게 좋습니다. |

| 셰프로지 토리텝 이몸 트롤 | 플레인치아바타는 민중교역 엑스트라버진 올리브유와 한살림 찹쌀막걸리로 만든 막걸리종을 저온에서 18시간 숙성한 반죽으로 만듭니다.
빵에 동물성 재료가 들어가지 않아 위 요리법 중 기호에 따라 유정란과 마요네즈를 빼면 채식인도 이용가능한 요리법입니다. |

오이고추된장무침

 20분　 4인분　 비가열　 GMO-free　 채식

재료
오이맛풋고추 10개, 통깨 약간
무침장 된장 2큰술, 들기름 1큰술, 조청 2큰술

만드는 방법
1. 고추는 1~1.5㎝ 정도로 먹기 좋게 자른다.
2. 분량의 재료를 골고루 섞어 무침장을 완성한다.
3. 고추와 무침장을 같이 버무려 그릇에 담고 통깨를 뿌린다.

- 요리　한살림식생활센터
- 요리법　2019 한살림 전통장학교 중 고은정 님

살림이의 귀띔	고추의 크기에 따라 간을 조절합니다.
식재료&요리법 이용 도움	동물성 식재료를 사용하지 않아 채식인도 이용가능한 요리법입니다. GMO로부터 안전한 한살림 콩으로 만든 된장을 사용해 만들었습니다.

여름

토마토두부소스

 40분   2~3인분   GMO-free   채식

재료
토마토 1kg, 국간장 1/2큰술, 월계수잎 1장, 건바질가루, 건오레가노가루
두부 1/2모, 양송이 10~12개, 소금 1/4작은술, 후추 약간, 현미유 1~2큰술

만드는 방법
❶ 토마토는 끓는 물에 데쳐 껍질을 벗긴 다음 썰어 냄비에 넣고 한 번씩 저어주며 끓인다.
❷ 토마토가 뭉글어질 때 월계수잎, 건바질가루·건오레가노가루, 국간장을 넣고 중불에서 25~30분 정도 한 번씩 저어주며 졸인다.
❸ 양송이는 이등분하여 얇게 편으로 썰고, 두부는 도마에서 칼등으로 곱게 으깬다.
❹ 기름을 두르지 않은 달궈진 팬에 양송이를 노릇하게 볶는다(소금 1꼬집을 넣어 간한다).
❺ ④에 으깬 두부를 넣어 같이 볶는다(소금 1꼬집, 후추 3~4꼬집을 넣는다).
❻ ⑤에 현미유를 넣고 같이 볶다가 ②의 토마토소스를 부어 저어가며 5분 정도 더 끓인다.

🍽 요리 한살림식생활센터
🍽 요리법 2018 한살림식생활센터 식생활포럼 채식의 이해 중 김경린 님

살림이의 귀띔
· 마지막에 토마토소스를 끓일 때 익힌 옥수수알이나 완두콩 또는 강낭콩을 넣어도 좋습니다.
· 소스는 먹기 반나절 정도 전에 미리 만들어 두면 더 깊은 맛을 느낄 수 있습니다.

식재료&요리법 이용 도움
동물성 식재료를 사용하지 않아 채식인도 이용가능한 요리법입니다.
GMO로부터 안전한 한살림 콩으로 만든 두부를 사용해 만들었습니다.

여름채소라자냐

30분 | 2인분

재료

애호박 1/4개, 가지 1/4개, 방울토마토 6개, 스파게티소스 1봉(180g), 성이시돌목장자연치즈 50g, 소금·식용유 약간

만드는 방법

❶ 애호박과 가지, 치즈는 0.5㎝ 두께로 썰고, 방울토마토는 반으로 자른다.
❷ 달군 팬에 가지, 호박, 방울토마토를 소금간하여 굽는다. 가지는 기름 없이 굽고, 호박과 토마토는 식용유를 살짝 둘러 굽는다.
❸ 용기에 스파게티소스와 채소를 켜켜이 담고, 맨 위에 치즈와 방울토마토를 올린다.
❹ 180℃ 오븐에 10분 정도 굽거나 전자레인지에 7분 정도 돌려 완성한다.

☺ 요리/요리법 한살림식생활센터 정현이 님

▶ 한살림TV

| 살림이의 귀띔 | 밀가루 대신 호박과 가지를 굽고 한살림 스파게티소스를 이용해서 간편하게 만드는 라자냐입니다. |
| 식재료&요리법 이용 도움 | 성이시돌목장자연치즈는 숙성 과정을 거치지 않는 생 모짜렐라치즈입니다. 유화제, 색소, 영양강화제 등을 이용한 인위적인 처리를 하지 않아 신선한 우유향이 좋습니다. |

여름

사찰식 호박전

 30분   4인분   GMO-free   채식

재료

애호박 혹은 둥근호박 1개, 통밀가루 1/2컵, 소금 1/2작은술, 들기름과 식용유 약간

만드는 방법

 한살림TV

❶ 호박의 반은 강판에 갈고, 반은 채 썬다.

❷ ①에 소금을 넣어 버무리고 물기가 충분히 나올 수 있도록 10분간 둔다.

❸ ②에 밀가루를 넣어 충분히 치대며 반죽한다.

❹ 들기름과 식용유를 두르고, ③의 반죽을 적당한 크기로 노릇하게 지진다.

요리/요리법 한살림식생활센터 박혜영 님

살림이의 귀띔	호박이 소금에 절여지는 과정에서 호박이 품고 있던 수분이 나오는데, 사찰식 호박전은 물을 따로 넣지 않고 이 수분으로 반죽합니다. 식감이 부드럽고 고소해 반찬으로, 또 간식으로 이용 가능합니다.
식재료&요리법 이용 도움	동물성 식재료를 사용하지 않아 채식인도 이용가능한 요리법입니다.

여름

된장덮밥

 30분   2인분   GMO-free

재료 소고기 200g, 들기름 1큰술, 양파 1개, 호박 1/2개, 가지 1/2개, 감자 1개, 당근 1/2개, 대파 1뿌리, 멸치육수 5컵(멸치 20g, 다시마 5장, 표고버섯 3~4개, 파뿌리 등), 된장 3~4큰술, 감자전분물 약간

만드는 방법
❶ 분량의 재료로 멸치육수를 만든다.
❷ 껍질을 벗긴 감자, 양파를 사방 1㎝ 길이로 깍둑썰기한다. 가지, 호박, 당근을 같은 크기로 깍둑썰기하고 대파는 1㎝ 길이로 썬다.
❸ 달군 팬에 당근, 감자, 양파, 단호박의 순서로 넣고 볶는다.
❹ 채소가 어느 정도 익으면 된장을 넣고 재료와 어우러지게 볶는다.
❺ ④에 준비해 놓은 육수를 넣고 감자와 당근이 익을 때까지 끓인다.
❻ ⑤에 가지와 애호박, 대파를 넣고 한소끔 끓으면 감자전분물로 농도를 맞춘 뒤 간을 확인하고 2~3분 더 끓인다.

요리/요리법 2019 한살림전통장학교 중 고은정 님

살림이의 귀띔 국물 내고 남은 표고버섯과 다시마를 썰어 넣어도 좋습니다.

식재료&요리법 이용 도움 GMO로부터 안전한 한살림 콩으로 만든 된장을 사용한 요리법입니다.

여름

막장찌개

 20분 | 2인분 | GMO-free

재료 호박 1/4개, 감자 1개, 양파 1/4개, 두부 1/4모, 막장 1.5큰술
육수 멸치 4마리, 다시마 1조각, 양파껍질 약간

만드는 방법

❶ 멸치를 볶다가 다시마, 양파껍질, 물 300㎖ 넣고 10분간 끓여 육수를 만든다.
❷ 호박, 감자, 양파, 두부를 먹기 좋은 크기로 썬다.
❸ ①에 막장을 풀고 감자, 호박, 양파를 넣어 끓인 후, 마지막으로 두부를 넣는다.

요리/요리법 한살림식생활센터 정현이 님

▶ 한살림TV

살림이의 귀띔 채소가 맛있는 여름철 호박, 감자, 양파, 두부 넣고 보글보글 끓여 드시면 좋습니다.
멸치와 다시마는 센불에서 끓이거나 오래 끓이면 쓴맛이 나기 때문에 약한 불에서 빠르게
끓이고, 감자는 가장 늦게 익기 때문에 다른 채소보다 조금 작게 써는 것이 좋습니다.

식재료&요리법 이용 도움
· 메주에 소금과 물을 넣고 40~70일 정도 지나면 고형물과 물로 나누는데, 이때 고형물은 된장이 되고, 물은 간장이 됩니다. 막장은 간장과 된장을 나누지 않은 장으로 된장보다 색이 조금 더 진한데, 콩이 많이 나는 강원지역에서 주로 먹던 장입니다.
· GMO로부터 안전한 한살림 콩으로 만든 막장으로 만들었습니다.

여름

고추간장

30분 | 6~8인분 | GMO-free

재료	국물멸치 1컵, 청양고추 10개, 풋고추 10개, 식용유 1큰술, 들기름 1큰술, 다진마늘 1큰술, 물 1/2컵, 맛간장 1/2컵, 참기름 1/2큰술, 통깨 약간
만드는 방법	❶ 멸치는 머리와 내장을 제거하고 기름기 없는 프라이팬에 넣고 볶은 후 잘게 잘라 놓는다. ❷ 고추는 깨끗이 씻어 4등분하여 잘게 썬다. ❸ 달군 프라이팬에 식용유와 들기름을 순서대로 두른 후 다진마늘을 넣고 볶는다. ❹ 마늘향이 밴 기름에 손질한 멸치를 넣고 볶는다. ❺ 멸치가 골고루 볶아지면 분량의 고추를 넣고 같이 볶는다. ❻ ⑤의 재료에 물 반 컵을 넣고 자작하게 끓이면서 간장과 조청으로 간을 한다. ❼ 참기름과 통깨로 마무리한다.

◉ 요리 한살림식생활센터
◉ 요리법 2019 한살림전통장학교 중 고은정 님

살림이의 귀띔	밥도둑으로 알려지고 있는 인기만점 요리법입니다.
식재료&요리법 이용 도움	GMO로부터 안전한 한살림 콩으로 만든 간장으로 만들었습니다.

가을

고구마맛탕

 30분   2인분   채식

| 재료 | 한입고구마 10개, 쌀조청 2큰술, 아카시아꿀 2큰술, 채썬 생강 1작은술, 식용유 4~5큰술 |

만드는 방법

❶ 깨끗하게 씻은 고구마를 껍질째 먹기 좋은 크기로 자른다.
❷ 생강은 껍질을 벗겨 채 썬다.
❸ 달궈진 냄비에 식용유를 4~5큰술 두르고 고구마를 넣는다.
❹ 중약불에서 중간중간 흔들며 고구마를 노릇하게 익힌 뒤 꺼낸다.
❺ 냄비에 채 썬 생강과 조청과 꿀을 넣고 조금 더 끓인다.
❻ 꺼내 둔 고구마를 ⑤에 넣고 고루 섞은 뒤 접시에 담는다.

🍳 요리/요리법 한살림식생활센터 박혜영 님

▶ 한살림TV

살림이의 귀띔 한정 기간에만 공급되는 한입고구마 활용을 위한 남음제로 캠페인 차원의 요리법입니다.
한입고구마대신 일반 고구마를 적당량 사용하셔도 좋습니다.

식재료&요리법 이용 도움 동물성 재료를 사용하지 않아 채식인도 이용가능한 요리법입니다.

가을

고구마무생채

 20분　 2인분

재료　고구마 1컵, 무 1컵
양념 파 1뿌리, 마늘 3알(다진마늘 1큰술), 새우젓(혹은 멸치액젓)·고춧가루·설탕·식초·참기름·소금 적당량

만드는 방법
❶ 무와 고구마는 잔뿌리를 제거하고 흙이 남아있지 않게 깨끗이 씻어 둔다. 파도 다듬어 씻고, 마늘도 씻어 둔다.
❷ 무와 고구마를 채 썬다.
❸ 파는 송송 썬다.
❹ 채 썬 무와 고구마에 파, 마늘, 새우젓, 생강(없으면 생략), 고춧가루를 넣고 조물조물 버무린다. 간은 소금의 양으로 조절한다.
❺ ④에 새콤한 것을 좋아하면 설탕과 식초를 넣고, 신 맛을 싫어하면 참기름을 넣어 버무려 먹는다.

요리　한살림식생활센터
요리법　2020 서울시식생활교육 현장체험교실(비대면) 중 류귀애 님

살림이의 귀띔　제철 고구마와 무를 활용해 손쉽게 만들어 먹을 수 있습니다.

가을

고구마크럼블

50분

4인분

채식

재료

고구마무스 한입고구마 6개, 두유 5큰술, 다진생강 1큰술, 유기쌀올리고당 2큰술, 소금 약간

크럼블 다진고구마 100g, 다진견과류(잣, 호두 등) 100g, 흰밀가루 100g, 계피가루 1큰술, 현미유 4큰술, 쌀조청 2큰술, 유기쌀올리고당 1큰술

만드는 방법

❶ 깨끗하게 씻은 고구마를 약 20분 간 삶는다.
❷ 크럼블 재료인 고구마와 견과류를 다진다.
❸ 고구마무스에 들어갈 생강도 잘게 다진다.
❹ 볼에 다진 크럼블 재료를 넣고 가루류를 먼저 넣어 잘 섞는다.
❺ 나머지 크럼블 재료를 모두 넣고 손으로 비비면서 섞는다.
❻ 삶은 고구마를 볼에 담아 으깬 뒤 무스 재료를 더해 섞는다.
❼ 빵틀에 기름을 바르고 만들어 놓은 크럼블 1/2을 바닥에 평평하게 깐다.
❽ ⑦위에 고구마무스를 넣어 평평하게 다진 뒤 다시 크럼블을 올려 덮는다.
❾ 180℃로 예열된 오븐에서 약 25분 간 구운 뒤 한 김 식혀 빵틀에서 꺼낸다.

▶ 요리/요리법 한살림식생활센터 박혜영 님

한살림TV

살림이의 귀띔
한정 기간에만 공급되는 한입고구마 활용을 위한 남음제로 캠페인 차원의 요리법입니다.
한입고구마대신 일반 고구마를 적당량 사용하셔도 좋습니다.

식재료&요리법 이용 도움
동물성 재료를 사용하지 않아 채식인도 이용가능한 요리법입니다.

가을

당근스프

 30분　 2인분　 채식

재료
당근(중) 1개, 양파(소) 1개, 물 200㎖, 두유 1팩(160㎖), 밥 1큰술, 대파·식용유·소금 약간

만드는 방법
❶ 당근과 양파는 얇게 채 썰고, 대파는 얇게 썬다.
❷ 팬에 기름을 두르고 양파가 갈색이 날 때까지 볶는다.
❸ ②에 당근과 대파, 소금을 넣고 향이 나도록 충분히 볶는다.
❹ ③에 물과 두유, 밥을 넣고 채소가 무를 때까지 익힌다.
❺ 핸드믹서로 곱게 갈고, 한 번 더 데워 완성한다.

ⓒ 요리/요리법　한살림식생활센터 정현이 님

 한살림TV

살림이의 귀띔
밥은 밀가루와 버터를 볶아 만드는 루 대신 스프의 농도를 잡아주는 역할을 합니다. 속도 든든합니다.

식재료&요리법 이용 도움
· 한살림 당근은 제주에서 12월에서 7월까지, 이후 내륙산지에서 농약 없이 키우며 땅의 기운을 듬뿍 받고 자랍니다. 깨끗이 씻어 겉부분을 벗겨내지 않고 드셔도 좋습니다.
· 버터와 우유대신 두유와 밥이 들어가 채식인이 마음 놓고 이용할 수 있는 요리법입니다.

가을

버섯들깨탕

 50분   3~4인분   채식

재료   양송이버섯 4개, 느타리버섯 1줌, 팽이버섯 1/2팩, 대파(흰부분) 우표크기 4장, 잣 1큰술, 다진마늘 1/2작은술, 들깨가루 6큰술, 채수 2컵(건다시마 우표크기 5개, 건표고버섯 4~5개), 들기름 1큰술, 간장 1큰술, 소금 적당량

만드는 방법
❶ 각각의 버섯을 손질한다.
❷ 냄비에 채수를 약 20분간 끓이고, 버섯들을 먹기 좋게 손질하여 가지런히 넣는다.
❸ ②에 잣, 다진마늘, 대파를 넣고, 간장, 소금을 넣고 10분 간 끓인다.
❹ ③에 들깨가루를 넣어 국물이 진하게 우러나도록 약 10분 간 끓인다.
❺ 마지막에 불을 끈 후 들기름을 넣어주고, 소금으로 간을 맞춘다.

요리 한살림식생활센터
요리법 2018 한살림·한식문화관 공동기획강좌 중 이윤서 님

살림이의 귀띔	다양한 버섯과 잣, 들기름, 들깨가루 등 영양이 풍부한 식재료가 가득하고 따뜻한 탕입니다.
식재료&요리법 이용 도움	동물성 식재료를 사용하지 않아 채식인도 이용가능한 요리법입니다. GMO로부터 안전한 한살림 콩으로 만든 간장을 사용해 만들었습니다.

가을

들깨소스리소토

 30분   2인분   채식

재료

채소볶음밥 1봉지, 표고버섯 2개, 느타리버섯 5~6개, 파 1큰술, 현미유·소금·후추 약간씩

들깨소스 들깨가루 2큰술, 생들기름 1큰술, 간장 1큰술, 소금 약간, 채수 1.5컵(자른다시마 6개, 마른표고버섯 3개, 물 800㎖)

만드는 방법

❶ 들깨소스 재료를 섞어 소스를 만든다.
❷ 느타리버섯은 아주 잘게 찢고, 표고버섯 1/2개는 모양을 살려 얇게 썬다.
❸ 남은 표고버섯과 대파는 잘게 다진다.
❹ 달군 팬에 현미유를 두르고 ③의 표고버섯을 노릇하게 구워 꺼낸다.
❺ 다진파를 볶은 뒤 느타리버섯과 다진표고버섯을 소금, 후추를 더해 볶는다.
❻ 채소볶음밥을 넣고 쌀알이 투명해질 때까지 볶는다.
❼ 들깨소스를 넣고 중약불에서 4~5분 정도 두어 걸쭉하게 졸인다.
❽ 구운 표고버섯을 올리고 다진파와 후추를 뿌린다.

요리/요리법 한살림식생활센터 박혜영 님

▶ 한살림TV

살림이의 귀띔 한살림 채소볶음밥은 5가지 무농약 채소(대파, 양파, 홍파프리카, 당근, 쥬키니호박)를 넣어 볶은 후 개별급속동결방식으로 만들어 갓 지은 밥맛을 그대로 간직하고 있습니다.

가을

배배무덮밥

 20분   1인분   GMO-free

재료 밥 1공기, 배추 1장, 배 1/6개, 무 50g, 한우분쇄육 50g, 물 100㎖, 전분 1/2작은술, 간장 1큰술, 식용유·볶은참깨·후추 약간

만드는 방법
① 배추, 배, 무는 각각 사방 0.5cm 크기로 굵게 다진다.
② 달군 팬에 식용유를 약간 두르고 다진소고기를 넣어 볶다가 익기 시작하면 배추, 배, 무를 순서대로 넣고 1분간 볶는다.
③ 물 100㎖를 넣고 끓기 시작하면 간장 1큰술과 약간의 후추를 넣는다.
④ 물 2큰술에 전분 1/2작은술을 넣고 잘 개어 녹말물을 만든다.
⑤ ③을 센불에 두고 ④의 녹말물을 부어 빠르게 섞어준다.
⑥ 밥 위에 ⑤를 올려 완성한다.

요리 한살림식생활센터
요리법 2019 한그릇 밥요리 공모 최우수상 수상 이규성 님

살림이의 귀띔	녹말물을 넣고 빠르게 섞지 않으면 전분이 덩어리질 수 있으니 주의합니다.
식재료&요리법 이용 도움	GMO로부터 안전한 한살림 콩으로 만든 간장을 사용해 만들었습니다.

가을
버섯채소잡채

 30분　 4인분　 GMO-free　 채식

재료　당면 100g, 표고버섯 4장, 목이버섯 10g, 팽이버섯 1봉, 느타리버섯 한 줌, 새송이버섯 1개, 오이 1/2개, 당근 1/4개, 배추 2장, 청·홍피망 각 1/2개씩, 설탕·간장·참기름·통깨·후추·소금·식용유(다시마, 표고물)

만드는 방법
❶ 당면은 찬물에 가지런히 담가 충분히 불린 후 먹기 좋은 크기로 자른다.
❷ 표고버섯과 목이버섯, 팽이버섯은 밑동을 잘라 손질한다.
❸ 표고버섯, 오이, 배추, 당근, 피망은 채 썰고, 느타리버섯과 새송이버섯은 적당한 크기로 자른다.
❹ 잘 달궈진 팬에 식용유를 두르고 버섯과 채소를 소금간을 해 각각 볶는다.
❺ 냄비에 표고버섯 불린 물과 다시마를 넣고, 설탕과 간장을 넣어 끓인다.
❻ 끓기 시작하면 당면을 넣고 국물이 없어지고 당면에 윤기가 생길 때까지 조린다. 당면에 볶아놓은 버섯과 채소, 참기름, 통깨, 후추를 넣어 버무린다.

🍲 요리법　2019 한살림·한식문화관 공동기획강좌 중 선재스님

살림이의 귀띔　국물이 없어지고 당면에 윤기가 생길 때까지 조려야 당면이 엉겨 붙지 않습니다.

식재료&요리법 이용 도움　GMO로부터 안전한 한살림 콩으로 만든 간장을 사용해 만들었습니다.

뽀글이장

30분 · 4인분 · GMO-free

재료 막장 5큰술, 멸치 10마리, 양파 1/2개, 표고버섯 2개, 느타리버섯 3~4개, 팽이버섯 1/2봉지, 마늘 2알, 대파 1뿌리, 감자 1/2개, 매운 고추 3개, 다시마 2장(10×10㎝), 물 2컵

만드는 방법
1. 멸치는 머리와 내장을 제거하고 프라이팬에 볶는다.
2. 도마에 볶은 멸치를 놓고 칼등으로 잘게 부수거나 썬다.
3. 다시마는 물 2컵에 담가 우려 놓는다.
4. 양파, 대파, 마늘, 매운 고추는 깨끗하게 씻어 잘게 썰어 섞이지 않게 담아둔다.
5. 표고버섯은 물에 불렸다가 잘게 썰고 느타리버섯은 길이로 찢은 뒤 잘게 썰고 팽이버섯은 0.5㎝ 길이로 썬다.
6. 뚝배기에 다시마 우린 물 1컵을 넣고 불에 올린 뒤 준비해둔 멸치와 다시마 우린 물을 넣는다.
7. 잘게 썬 양파, 마늘, 표고버섯, 느타리버섯, 팽이버섯을 넣고 계속 끓인다.
8. 양파가 익을 무렵 분량의 막장을 넣고 끓기 시작하면 대파와 매운 고추를 넣는다.
9. 마지막으로 강판에 갈아둔 감자를 넣고 한소끔 더 끓인다.

요리 한살림식생활센터
요리법 2019 한살림전통장학교 중 고은정 님

살림이의 귀띔	막장이 잘 익어가고 버섯이 풍부한 가을에 이용하면 좋은 요리법입니다.
식재료&요리법 이용 도움	GMO로부터 안전한 한살림 콩으로 만든 막장으로 만들었습니다.

가을

브로콜리두부덮밥

 20분   3인분   GMO-free   채식

재료 브로콜리 300g, 두부 3/4모, 식용유·들기름 적당량, 잣(생략 가능)
양념장 다진마늘 1큰술, 진간장 3큰술, 설탕 1.5큰술, 현미식초 1큰술, 참기름 약간

만드는 방법

❶ 두부는 직경 2㎝ 큐브 모양으로 자르고, 면보에 올려 물기를 제거한다.
❷ 브로콜리를 다듬는다.
❸ 달군 팬에 식용유와 들기름을 1:1로 섞어 기름을 두르고, 두부를 튀기듯 굽는다.
❹ 두부를 한쪽에 꺼내두고, 두부를 구운 팬에 브로콜리를 살짝 볶는다.
❺ 브로콜리 볶던 팬에 물 2큰술을 넣고 뚜껑을 덮어 익힌다. 뚜껑에 김이 서렸다가 걷히면 뚜껑을 열어준다.
❻ 양념장 재료를 넣어 섞어 양념장을 만든다.
❼ 브로콜리 볶던 팬에 양념장을 반만 넣고 볶는다.
❽ 구운 두부를 넣고 양념장을 마저 넣고 볶은 후 밥에 얹는다.

요리/요리법 한살림식생활센터 박혜영 님

▶ 한살림TV

살림이의 귀띔
· 한살림 브로콜리 한 봉지는 350g 기준으로 공급하고 있지만, 보통 350g 이상인 것이 넘어서 요리법에서는 조금 넉넉한 양으로 적었으니 참고 바랍니다.
· 잣으로 고명을 얹으면 더욱 맛있고 영양 보완도 되므로 가급적 더하시면 좋습니다.

식재료&요리법 이용 도움
GMO free인 한살림두부와 간장으로 만듭니다. 동물성 재료를 사용하지 않았습니다.

가을

사과파이

 30분　 2인분

재료　사과 1개, 수정과 1/2컵, 현미유 1작은술, 샌드위치식빵 3개, 유정란 1개

만드는 방법
❶ 사과는 잘게 깍둑썰기한다.
❷ 팬에 현미유를 두르고 사과를 볶다가 수정과를 넣고 조린다.
❸ 식빵은 빵끝을 잘라 밀대로 밀고, 유정란을 풀어 빵 끝부분에 바른다.
❹ 수정과에 조린 사과를 식빵에 올리고 반으로 접은 후 끝부분을 포크로 누른다.
❺ 빵 위쪽에 칼집을 낸다.
❻ 예열한 오븐 또는 에어프라이어에서 180℃에서 7분 정도 굽는다.

🍀 요리/요리법　한살림식생활센터 정현이 님

▶ 한살림TV

살림이의 귀띔　프라이팬에서 굽는 경우, 뚜껑을 덮고 아주 약한 불에서 굽습니다.

가을

사과팬케이크

 30분   4인분

재료
사과 2개, 수정과 1컵, 현미유 1큰술, 핫케이크가루 200g, 유정란 1개, 우유 200㎖

만드는 방법

❶ 사과는 얇게 자른다.
❷ 핫케이크가루에 유정란과 우유를 넣고 반죽한다.
   ※ 굽기 10분 전에 반죽해 두어야 가루가 충분히 녹아요.
❸ 달군 팬에 기름을 두르고 사과를 넣고 볶다가 수정과를 넣고 수분이 거의 남지 않을 때까지 조린다.
❹ 팬에 사과를 가지런히 담아 ❸의 반죽을 부어 뚜껑을 덮고 약불에서 익힌다.

요리/요리법 한살림식생활센터 정현이 님

살림이의 귀띔
· 일반 팬에서는 두 번에 나누어 구울 수 있는 양입니다.
· 익히는 시간은 반죽의 두께(팬의 크기)에 따라 크게 달라집니다. 젓가락으로 찔러 보았을 때, 반죽이 묻어나지 않을 때까지 익힙니다.
· 한살림 핫케이크가루는 우리땅에서 자란 우리밀과 상주에서 재배한 호박분말을 넣어 만드는데, 200g씩 소포장되어 있습니다. 3봉 중 1봉으로 만드는 요리법이니 양을 늘릴 경우 재료량을 조정하면 됩니다.

아욱국

 30분   4인분   GMO-free

재료 아욱 180g, 보리새우 1/3컵, 대파 1/2개, 쌀뜨물 5컵
양념 된장 2큰술, 국간장 1큰술, 다진마늘 1/2큰술, 소금 약간
육수 맛국물팩 1개

만드는 방법
❶ 쌀뜨물에 맛국물팩을 넣어 20분 정도 불린 후 끓인다.
❷ 아욱은 억센 줄기를 손질하고 바락바락 문질러서 풋내를 제거한다.
❸ 맑은 물이 나오게 아욱을 헹군 후에 적당한 길이로 썬다.
❹ ①에 된장을 풀고 아욱, 건새우를 넣어 끓인다.
❺ 한소끔 끓으면 국간장, 다진마늘, 대파를 넣고 그릇에 담아 낸다. 부족한 간은 소금으로 한다.

요리/요리법 한살림식생활센터 절기식문화연구분과

살림이의 귀띔 쌀을 씻을 때 두 번째, 세 번째 물을 버리지 말고 쌀뜨물로 남겨 국물용으로 사용합니다.

식재료&요리법 이용 도움
· 아욱은 사계절 먹을 수 있으나 가을아욱은 문 걸어 잠그고 먹는다는 얘기가 있을만큼 제철의 맛과 영양이 뛰어납니다.
· GMO로부터 안전한 한살림 콩으로 만든 된장을 사용해 만들었습니다.

가을

양배추햄오믈렛

20분

1인분

재료 유정란 4개, 양배추 1장, 슬라이스햄 1장, 소금·후추·식용유 약간

만드는 방법

❶ 양배추와 햄은 3~4㎝ 길이로 채썬다.
❷ 달군 팬에 식용유를 두르고 ①을 볶으며 소금, 후추로 간하고 따로 담아둔다.
❸ 유정란에 소금을 넣어 잘 푼다.
❹ 약하게 달군 팬에 식용유를 두르고, ③의 유정란을 휘저으며 익히다가 70% 정도 익으면 ②를 넣고 오믈렛 모양을 만든다.

요리/요리법 한살림식생활센터 정현이 님

▶ 한살림TV

살림이의 귀띔
· 오믈렛 모양을 잡기 어려운 경우, 유정란을 풀어 큰 지단으로 부쳐 안에 내용물을 넣어도 됩니다.
· 양배추와 햄 외에도 낫토, 김치, 다진 채소 등 냉장고 속 다양한 재료를 넣어 먹이도 좋습니다.

한성님이 제안하는 실험맛 장지림

가을

양배추스테이크

30분 | 4인분 | 채식

재료

양배추 800g, 양파 반 개, 사과농축식초 3큰술, 잣 1큰술,
현미유·파슬리·소금·후추 약간
소스 현미유 6큰술, 다진양파 2큰술, 사과식초 3큰술, 채식카레가루 1/2작은술

만드는 방법

❶ 양배추를 4등분으로 자르고 찬물에 15분 정도 담가둔다.
❷ 심지를 중심으로 양배추를 스테이크 모양으로 자른다.
❸ 양파를 잘게 다지고, 파슬리도 잘게 다져 물기를 뺀다. 마른 팬에 잣을 노릇하게 구워둔다.
❹ 다진양파, 현미유, 사과식초, 카레가루를 넣고 소스를 만든다.
❺ 팬을 뜨겁게 달군 후 중간불로 줄여 식용유를 두르고 물기를 제거한 양배추를 기름을 둘러 앞뒤로 굽는다.
❻ 구운 양배추를 그릇에 담고 소스를 두른 후 잣과 파슬리를 뿌려 먹는다.

▶ 한살림TV

🍴 요리/요리법 한살림식생활센터 박혜영 님

살림이의 귀띔
· 수분이 많은 양배추는 천천히 익히면 수분이 빠져나와 질퍽해집니다. 뜨거운 팬에 조리하는 것이 양배추스테이크를 맛있게 먹는 방법입니다.
· 잣은 비건식을 할 때 부족할 수 있는 영양분을 채워줍니다. 비건식의 견과류는 철분, 섬유질, 마그네슘, 아연, 셀레늄, 비타민E의 공급원이 되는 한국의 좋은 식재료입니다.

식재료&요리법 이용 도움
동물성 식재료를 사용하지 않아 채식인도 이용가능한 요리법입니다.
카레가루는 기호에 따라 채식카레와 일반 카레가루를 선택해 사용할 수 있습니다.

가을

양배추라페

 20분   4인분   채식

재료 양배추 800g, 양파 300g, 소금 1작은술, 고구마말랭이 50g, 호두 50g
소스 사과농축액 3큰술, 현미식초 3큰술, 레몬즙 3큰술, 소금, 후추, 현미유 3큰술, 채식카레 1작은술

만드는 방법

❶ 양배추와 양파를 채썬 후, 소금을 섞고 무거운 그릇으로 눌러 15분 정도 둔다.
❷ 고구마말랭이는 잘게 자르고, 호두는 마른 팬에 구운 후 행주에 싸서 비벼 체에 걸러 껍질을 벗긴다.
❸ 양배추와 양파는 물기를 짜서 수분을 제거하고, 고구마말랭이와 호두, 분량의 소스 재료를 넣고 잘 섞는다.
❹ 냉장고에 반나절 정도 두고, 빵과 곁들여 먹는다.

▶ 한살림TV

🍴 요리/요리법 한살림식생활센터 박혜영 님

살림이의 귀띔
- 양배추나 양파와 같이 수분이 많은 채소는 조리하기 직전 20~30분 정도 물에 담가두면 갓 수확한 것처럼 싱싱하게 되고 양배추를 구웠을 때 쉽게 타지 않습니다.
- 파슬리는 장식이 아니라 맛(기름의 느끼함을 없애줌)과 건강(미네랄섭취)을 위해 함께 섭취하는 것이 좋습니다.
- 냉장고에 반나절 정도 두고 먹으면 고구마는 부드러워지고 양배추는 아삭하게 먹을 수 있습니다.

식재료&요리법 이용 도움
- 동물성 식재료를 사용하지 않아 채식인도 이용가능한 요리법입니다.
- 빵과 함께 먹어도 좋고, 고구마말랭이, 호두가 들어 있어 샐러드로만 먹어도 한 끼 식사대용으로 좋습니다.

가을

핫도그케찹떡볶이

20분 | 2인분

| 재료 | 우리밀핫도그 1개, 떡볶이떡 120g, 어묵 1장, 양배추 1장, 대파 약간, 식용유 약간
양념 유기농토마토케찹 2큰술, 고추장 2작은술, 다진마늘 1/2작은술 |

만드는 방법

❶ 양배추와 어묵은 굵게 채 썰고, 대파는 쫑쫑 썬다.
❷ 팬에 식용유를 두르고 ①의 양배추를 볶는다.
❸ ②의 양배추가 반 정도 익으면 물 100㎖와 양념, 어묵을 넣고 끓인다.
❹ ③이 끓으면 떡볶이떡을 넣는다.
❺ ④의 떡이 익으면 ①의 대파와 데운 핫도그를 올려 완성한다.

요리/요리법 한살림식생활센터 정현이 님

▶ 한살림TV

| 살림이의 귀띔 | 한살림 유기농토마토케찹에 고추장 살짝 넣어 만든 떡볶이라서 매운 것 잘 못 먹는 아이들부터 떡볶이 좋아하는 어른들까지 모두 함께 먹을 수 있습니다. 쫀득한 떡과 우리밀핫도그를 곁들여서 온 가족 간식으로 좋습니다. |
| 식재료&요리법
이용 도움 | 한살림 케찹은 한살림 유기농토마토를 원재료로 인공감미료, 증점제(잔탄검), 안정제 등을 넣지 않고 만듭니다. |

가을

햄버거덮밥

20분　2인분

재료　햄버거스테이크 400g, 양배추잎 3장, 어린잎채소 1줌
스테이크소스 돈가스소스 10큰술, 유기농토마토케첩 6큰술, 굴소스 2큰술, 유기쌀올리고당 2큰술, 물 8큰술, 양파 1개, 식초·식용유 약간

만드는 방법
❶ 양배추는 곱게 채 썬다.
❷ 분량의 스테이크소스 재료를 넣고 끓인다.
❸ 달군 프라이팬에 기름을 두르고 햄버거스테이크를 노릇하게 굽는다.
❹ ③에 ②와 물 8큰술을 넣고 끓인다.
❺ 그릇에 밥을 담고 ④를 올린 뒤 어린잎채소와 채썬 양배추를 올린다.

요리/요리법 한살림식생활센터 박혜영 님

살림이의 귀띔　한살림 햄버거스테이크를 겉면→ 뒷면→ 겉면 순으로 구울 때 불을 약하게 줄여 속까지 완전히 익히는데, 이때 뚜껑을 덮어두면 빨리 익힐 수 있습니다.

식재료&요리법 이용 도움　한살림 햄버거스테이크는 한살림 소고기(24.4%)와 돼지고기(39.1%)를 갈아 넣고 국산 채소와 빵가루, 우리밀을 혼합 반죽해 만듭니다. 발색제와 방부제 등의 첨가물을 사용하지 않고 천연조미성분으로만 맛을 내어 온 가족이 함께 먹을 수 있습니다.

가을

연근조림

 25분
 2인분
 GMO-free
 채식

재료 연근 120g, 간장 1큰술, 쌀조청 1큰술, 들기름 1큰술, 검정깨 5g, 물 적당량

만드는 방법
❶ 연근은 깨끗이 씻어 껍질을 벗겨 먹기 좋게 썬다.
❷ 냄비에 물을 약간 넣고 연근이 익을 때까지 충분히 익혀준다.
❸ 연근이 익으면 간장과 조청을 넣어 졸인 후 불을 끄고 검정깨를 뿌려 마무리한다.

요리 한살림식생활센터
요리법 2019 한살림·한식문화관 공동기획강좌 중 선재스님

뿌리채소볶음

20분 | 2인분 | 채식

재료 연근 1/2개, 우엉 2대, 고구마 1개, 생들기름·현미유·소금·후추·참깨 약간씩
양념 쌀조청 1큰술, 사과농축식초 2큰술, 물 반 컵

만드는 방법
❶ 고구마, 우엉, 연근을 먹기 좋은 크기로 썬다.
❷ 달군 팬에 생들기름을 두르고 우엉을 볶는다.
❸ 현미유를 두르고 고구마를 볶는다.
❹ 고구마가 반 정도 익으면 연근을 넣고 볶는다.
❺ ④에 물 반 컵을 넣는다.
❻ 쌀조청과 사과농축식초를 넣고 섞는다.
❼ 수분이 거의 날아가면 후추와 참깨를 뿌린 후 접시에 담는다.

요리/요리법 한살림식생활센터 박혜영 님

한살림TV

식재료&요리법 이용 도움
다양한 가을뿌리채소로 새롭게 이용할 수 있는 방법입니다.
동물성 식재료를 사용하지 않아 채식인도 이용가능한 요리법입니다.

가을

우엉조림

 20분　 2인분　 GMO-free　 채식

재료　우엉 120g, 간장 1큰술, 들기름 1큰술, 쌀조청 1큰술, 검정깨 5g

만드는 방법
1. 우엉은 깨끗이 씻어 칼등으로 살살 껍질을 벗겨 어슷썰기 한다.
2. 팬에 들기름을 두르고 어슷 썬 우엉이 익을 때까지 충분히 익혀준다.
3. 우엉이 익으면 간장과 조청을 넣어 졸인 후 불을 끄고 검정깨를 뿌려 마무리한다.

- 요리　한살림식생활센터
- 요리법　2019 한살림·한식문화관 공동기획강좌 중 선재스님

살림이의 귀띔　연근조림과 우엉조림은 만드는 방법이 유사하니 재료가 준비되면 두 가지 다 시도해 보세요.
연근은 한 김 올려 살짝 쪄서 졸이고, 우엉은 기름에 살짝 볶아 졸입니다.

식재료&요리법 이용 도움　동물성 재료를 사용하지 않아 채식인도 이용가능한 요리법입니다.
GMO로부터 안전한 한살림 콩으로 만든 간장으로 만들었습니다.

가을

우엉돼지고기소보로덮밥

 30분   1인분   GMO-free

재료 밥 1공기, 우엉 1대, 돼지고기분쇄육 70g, 식용유 1큰술, 다진파 1큰술, 다진마늘 1/2큰술, 참기름 1작은술, 후추 약간
양념 간장 1큰술, 미온 1큰술, 마스코바도 1큰술, 생강 약간(생강청으로 대체 가능)

만드는 방법
❶ 우엉은 깨끗하게 씻어 분쇄육과 비슷한 크기로 잘게 썬다.
❷ 달군 팬에 현미유를 두르고 다진파를 넣어 파기름을 낸다.
❸ ②에 분쇄육, 다진마늘, 생강, 후추를 넣고 볶는다.
❹ 고기 겉면이 하얗게 익으면 준비한 우엉을 넣고 섞듯이 볶는다.
❺ ④에 섞은 양념을 넣고 중간 불에서 3분간 볶다가 강한 불에서 1분간 바짝 졸이듯 볶는다.
❻ 불을 끄고 참기름을 두른다.
❼ 밥 위에 ⑥을 올려 완성한다.

요리 한살림식생활센터
요리법 2019 한 그릇 밥요리 공모 우수상 수상 성하정 님

살림이의 귀띔
· 건강한 땅의 기운을 받아 자란 가을철 대표 제철 뿌리채소 우엉을 이용한 간편한 메뉴입니다. 고소한 돼지고기 사이 아삭하게 씹히는 우엉의 식감과 은은한 향이 조화로운 메뉴입니다.
· 기호에 따라 돼지고기 대신 두부의 수분을 꼭 짜서 으깨 넣으면 영양이 조화로운 채식메뉴로 활용할 수 있습니다.
· 기호에 따라 달걀프라이를 올려 먹어도 좋습니다.

식재료&요리법 이용 도움 GMO로부터 안전한 한살림 콩으로 만든 간장을 이용한 요리법입니다.

가을

우엉찹쌀전병

30분   1~2인분   채식

재료 찹쌀가루 3/4컵, 우엉 150g, 소금 1/4작은술, 식용유 약간, 꿀 1큰술, 대추 1개, 잣 약간

만드는 방법

❶ 우엉은 껍질을 벗겨 강판에 갈고 소금을 뿌린다.
   ※ 소금을 뿌려두면 우엉에서 물이 나와 반죽이 더 잘 됩니다.
❷ 찹쌀가루에 ①의 우엉을 넣어 반죽한 후 둥글고 납작하게 빚는다.
   ※ 반죽은 약간 질게 해주세요. 반죽이 되직하면 찹쌀가루가 많아 텁텁한 맛이 납니다.
❸ 팬에 기름을 두른 후, 앞뒤로 노릇하게 굽는다.
❹ 잘 구운 전병에 꿀을 바르고, 대추와 잣으로 장식한다.

🍽 요리 한살림식생활센터
🍽 요리법 2019 자연과 몸이 조화로운 요리학교 중 법송스님

한살림TV

살림이의 귀띔
· 강판 사용이 어렵다면 물을 약간 넣고 블렌더에 갈아도 됩니다. 대신 물기가 더 생길 수 있으니 반죽할 때 찹쌀가루 양을 조금 더 늘리도록 합니다.
· 전병 위에 아카시아꿀을 더하면 남녀노소 모두 즐길 수 있는 간식으로 좋습니다.

뿌리채소솥밥

 50분　 2인분　 GMO-free　 채식

재료　우엉 한 뼘, 당근(소) 1/2개, 연근 8cm, 표고버섯 3개, 쌀 1컵(180g), 다시마 1조각
양념　간장 1작은술, 미온 1큰술, 소금 1/3작은술

만드는 방법

❶ 쌀은 씻어 다시마와 함께 불려둔다.
❷ 연근과 표고버섯을 썰고, 우엉은 칼등으로 껍질을 벗겨 어슷 썰고, 당근은 큼직하게 깍둑 썬다.
❸ ①의 다시마는 먹기 좋은 크기로 자르고, 양념과 ②를 넣어 밥을 짓는다.
❹ 중간 불에서 10분, 뚜껑 덮고 약불에서 10분 가량 끓인 후, 밥이 되면 뒤적이고 약불에서 뚜껑을 덮고 5분 동안 뜸을 들인다.

요리/요리법 한살림식생활센터 정현이 님

▶ 한살림TV

살림이의 귀띔　뿌리채소가 맛있는 가을철에는 우엉, 당근, 연근과 표고버섯을 넣어 밥을 지어 먹으면 좋습니다. 채소향이 가득 담긴 막 지은 고슬고슬한 솥밥은 따로 반찬이 없어도 든든하게 먹기 좋고, 우엉과 연근의 아삭아삭한 식감은 먹는 재미를 줍니다.

식재료&요리법 이용 도움　동물성 재료가 들어가지 않아 채식인도 즐길 수 있습니다.
GMO로부터 안전한 한살림 콩으로 만든 간장을 사용합니다.

겨울

감귤무채

 25분　 4인분　 채식

재료　무 1개, 감귤 3개, 다진마늘 1작은술, 사과식초 약간, 소금, 설탕

만드는 방법
❶ 무 1개를 굵게 채 썰어 소금과 설탕을 약간씩 넣고 절인다.
❷ 감귤은 식초로 깨끗이 씻는다.
❸ 1개 분량의 감귤은 속껍질까지 벗겨 갈아주고, 1개 분량의 귤껍질은 얇게 채 썬다.
❹ 절인 무에 ③과 나머지 귤 알맹이와 다진마늘, 사과식초를 넣고 버무려 완성한다.

요리　한살림식생활센터
요리법　2020 30물품 요리 공모 수상작 중 윤송 님(한살림제주)

살림이의 귀띔　감귤무채 외에도 감귤과 각종 샐러드채소, 다진마늘과 사과식초 등을 넣고 감귤샐러드를 해드셔도 좋습니다.

식재료&요리법 이용 도움　동물성 재료를 사용하지 않아 채식인도 이용가능한 요리법입니다.

겨울

두부소보로덮밥

한 입 한 입이 재연하는 살림밥상 차림

20분 | 1인분 | GMO-free

재료 두부 1/2모, 표고버섯 2개, 밥 1공기, 불고기갈비양념 4큰술

만드는 방법

❶ 두부는 미리 무거운 그릇으로 눌러 물기를 뺀다.
❷ 표고버섯은 얇게 썰고, ①의 두부를 으깬다.
❸ 팬에 으깬 두부를 넣고 수분이 날아가도록 충분히 볶는다.
❹ 표고버섯을 넣고 1분 후 불고기갈비양념을 넣고 더 볶는다.
❺ 밥 위에 올린다.

요리/요리법 한살림식생활센터 정현이 님

한살림TV

살림이의 비법
· 두부 물기를 미리 빼두면 볶는 시간을 줄일 수 있어요. 두부를 으깨어 수분을 날린 후 양념을 넣어 볶고, 밥 위에 올리면 포슬포슬한 식감의 소보로덮밥이 완성됩니다.
· 표고버섯 대신 좋아하는 채소나 버섯을 추가해도 좋습니다.

식재료 &조리법 이용 도움
· 두부는 지금은 사계절 내 먹을 수 있는 재료이지만, 예전에는 가을에 수확한 콩을 갈무리해 추운 겨울 다양한 요리로 즐겼습니다.(겨울과 사계절 내내 간편하게 먹을 수 있는 두부 요리는 다양합니다.)
· GMO 우려 없는 100% 국산콩으로 만든 한살림 두부를 활용한 요리법입니다.

겨울

두부조림

 20분　 2인분　 GMO-free　 채식

재료　두부 1/2모, 양파 1/2개, 대파 1/3개, 식용유·소금 약간
양념　물 1/2컵, 간장 2큰술, 고춧가루 1큰술, 설탕 1/2큰술, 다진마늘 1/2큰술, 참기름 1작은술

만드는 방법

❶ 두부는 미리 무거운 그릇으로 눌러 물기를 뺀다.
❷ 파와 양파는 얇게 썰고, ①의 두부는 먹기 좋은 크기로 썬다.
❸ 팬에 기름을 두르고 두부를 앞뒤로 노릇하게 굽는다.
❹ ③의 양파와 분량의 양념 재료를 넣고 물이 반 이하로 남을 때까지 조린다.
❺ 파를 올려 마무리한다.

요리/요리법 한살림식생활센터 정현이 님

▶ 한살림TV

살림이의 귀띔　담백한 두부와 칼칼한 양념맛이 입맛을 돋우는 두부조림입니다. 두부는 물기를 미리 빼두면 더 쉽고 빠르게 구울 수 있습니다.

식재료&요리법 이용 도움　GMO 우려 없는 100% 국산콩으로 만든 한살림 두부 활용 요리입니다.

겨울

두부케찹조림

 30분　 2인분　 GMO-free　 채식

재료　두부 1모, 양파 1/4개, 브로콜리 1/4개, 새송이버섯 1개, 소금 약간, 식용유 약간
양념　유기농토마토케찹 5큰술, 간장샐러드소스 3큰술, 다진마늘 1/2작은술

만드는 방법

❶ 두부는 그릇으로 눌러 물기를 뺀 뒤 한입 크기로 잘라 소금을 뿌려둔다.
❷ 양파와 브로콜리, 새송이버섯은 한입 크기로 자르고, 브로콜리는 끓는 소금물에 데쳐 찬물에 헹군다.
❸ 팬에 기름을 두르고 ①의 두부를 소금으로 간하며 앞뒤로 노릇하게 굽는다.
❹ 구운 두부를 팬 한쪽으로 밀고 양파와 버섯을 볶는다.
❺ ④에 물 100㎖와 분량의 양념 재료를 넣어 물이 반으로 줄 때까지 조린다.
❻ 데친 브로콜리를 넣고 30초 정도 뒤적여 완성한다.

★ 요리/요리법　한살림식생활센터 정현이 님

▶ 한살림TV

살림이의 귀띔
· 두부를 노릇노릇하게 구워 유기농토마토케찹과 간장샐러드소스로 양념해서 아이들 반찬으로도 좋은 두부조림을 뚝딱 간단하게 만들 수 있습니다. 간장샐러드소스가 없다면 간장, 식초, 설탕, 맛술을 각각 2작은술씩 넣어 소스를 만듭니다.
· 일반적인 양념과 달리 케찹은 두부 속까지 간이 들지 않으므로, 소금으로 기본 간을 해야 더 맛있게 먹을 수 있습니다.

식재료&요리법 이용 도움
· 동물성 식재료를 사용하지 않아 채식인도 이용가능한 요리법입니다. GMO로부터 안전한 한살림 콩으로 만든 두부를 사용해 만들었습니다.

겨울

두부찌개

 30분   4인분   GMO-free

재료

두부 1모, 바지락살 150g, 대파 한 움큼, 다진마늘 1큰술, 애호박 1/3개,
양파 1/2개, 작은 표고버섯 2개, 쌀뜨물 약 300ml, 북어채 가루(반 큰술),
청양고추 3개, 고춧가루 2큰술, 후춧가루 약간
양념 진간장 4큰술, 국간장 4큰술, 현미유 약간

만드는 방법

❶ 전골냄비에 현미유를 두르고 파를 볶아 파기름을 낸 후 쌀뜨물 한 컵을 넣어준다.
❷ 바지락살을 냄비 바닥에 깔고 그 위에 두부를 깔아준다. 미리 잘라둔 채소들(애호박, 양파, 표고버섯, 청양고추, 다진마늘)을 두부 위에 올린다.
❸ 진간장 4큰술, 집간장 4큰술, 북어채가루, 고춧가루 2큰술, 약간의 후춧가루로 간한다.
❹ 중불에서 약 10분 정도 끓이다가 약불로 국물이 자작해질 때까지 졸여준다.

요리 한살림식생활센터
요리법 2020 한살림30 건강 한 끼 요리 공모 중 황재만 님(한살림원주)

식재료&요리법 이용 도움

GMO로부터 안전한 한살림 콩으로 만든 두부로 만들었습니다.

겨울

떠먹는 두부피자

 30분   4인분   GMO-free

재료
두부 1모, 배추김치 50g, 양파 1개, 방울무 6개, 꼬마소시지 100g, 브로콜리 30g, 다진마늘 1작은술, 느타리버섯 100g, 농축토마토 250g, 성이시돌목장치즈 1봉, 소금·후추·맛간장·식용유 적당량

만드는 방법
① 물기를 뺀 두부를 넓은 쪽으로 3등분하여 소금과 후추로 간한다.
② 팬에 식용유를 두르고 ①의 두부를 앞뒤로 노릇하게 굽는다.
③ 배추김치는 물기를 짠 후 다지고 소시지, 양파, 느타리버섯도 곱게 다져 둔다.
④ ③을 볶은 후 ②의 두부 3장을 차례로 넣고 농축토마토액과 맛간장을 넣어 조린다.
⑤ 그릇에 ④와 브로콜리, 방울무를 담고 치즈를 뿌려 오븐에서 2분 정도 익힌다.

요리/요리법 한살림식생활센터 정영미 님

살림이의 귀띔 초록의 브로콜리와 빨간 표면의 방울무는 영양도 좋지만 색감도 살려줍니다.

식재료&요리법 이용 도움 GMO로부터 안전한 한살림 콩으로 만든 두부를 사용해 만들었습니다.

미니두부밥버거

 50분　 4인분　 GMO-free

재료

두부 1모, 쌀 100g, 우엉 100g, 유정란 2개, 루꼴라 100g, 슬라이스햄 100g, 무쌈 300g, 토마토 2개, 쪽파 30g, 감자전분 50g, 새우살 70g, 참기름 1큰술, 식용유·소금 약간

소스　사과농축식초·타르타르소스 약간

만드는 방법

❶ 쌀을 씻어 밥솥에 넣고, 우엉을 송송 썰어 쌀 위에 얹고, 소금 한 꼬집, 참기름 한 숟가락을 넣고 밥을 한다.

❷ 두부 한 모를 8등분하고 8등분한 것을 반으로 나누어(16조각) 소금과 후추로 밑간을 한다.

❸ 밑간해 둔 두부에 전분을 묻혀 굽는다.

❹ 밥이 다 되면 식혀둔다.

❺ 루꼴라 30g, 쪽파 30g을 송송 썰고 새우살을 다진다.

❻ 식힌 밥에 간장 1큰술, 사과농축식초 1큰술을 넣고, 썰은 루꼴라와 쪽파, 다진새우살, 전분 1큰술, 유정란을 넣고 섞는다.

❼ 프라이팬에 기름을 두르고 ❻을 두부 크기로 만들어 지진다.

❽ ❼에 구운 두부, 무쌈, 슬라이스햄, 토마토, 루꼴라, 구운두부 순으로 버거를 만들고, 소스를 뿌려 먹는다.

🍴 요리　한살림식생활센터
🍴 요리법　2020 한살림식생활센터지원 식생활강좌(청주) 중 류귀애 님

식재료&요리법 이용 도움

GMO로부터 안전한 한살림 콩으로 만든 두부로 만들었습니다.

겨울

매생이굴리소토

 25분   3인분

재료 밥 3공기, 굴 1봉, 매생이 100g, 크림스파게티소스 1봉, 마늘 5알, 버섯 한 줌, 식용유 2큰술, 치즈·후추 약간

만드는 방법
① 마늘은 얇게 편으로 썬다.
② 달군 팬에 식용유를 두르고 마늘을 볶다가 버섯, 굴을 순서대로 넣어 익힌다.
③ ②에 물 100㎖와 밥, 크림스파게티소스, 매생이를 넣고 적당한 농도가 나올 때까지 졸인다.
④ ③을 그릇에 담고 기호에 맞게 후추와 치즈를 올려 완성한다.

🍴 요리 한살림식생활센터
🍴 요리법 2019 한 그릇 밥요리 요리 공모전 우수상 윤사라 님

살림이의 귀띔
· 팽이버섯을 넣는 경우 굴과 함께 볶지 말고 잘게 썰어 마지막에 넣어 뒤섞어 마무리하면 더욱 풍성한 식감으로 드실 수 있습니다.
· 기호에 따라 농축토마토소스를 활용해 재료를 바꾸어 만들어 봐도 좋습니다.

식재료&요리법 이용 도움
매생이는 바다에서 채취해서 조개껍질, 새우 등 바다 생물이 붙어있을 수 있습니다. 포장하기 전 바닷물로 2차례에 걸친 세척 과정을 거치지만 가정에서도 충분히 세척 후 요리하세요. 씻을 때는 소금을 살짝 뿌린 후 손으로 주무르거나 젓가락으로 저어 씻어줍니다. 그 후 체에 밭쳐 흐르는 물에 씻어 요리합니다.

무밥

 40분　 2인분　 GMO-free　 채식

재료	쌀 1컵, 무 3컵, 참기름 1큰술 양념장 파 1뿌리, 마늘 3알, 고춧가루 1큰술, 간장 4큰술, 참기름 1큰술
만드는 방법	❶ 쌀은 깨끗이 씻어 체에 받쳐 둔다. ❷ 무는 잔뿌리가 없고 흙이 남아있지 않게 깨끗이 씻고, 파, 마늘도 다듬어 씻어 둔다. ❸ 무는 6㎝ 길이로 채 썬다. ❹ 밥솥에 씻은 쌀을 먼저 넣고, 채 썬 무를 얹고, 물을 부은 후, 참기름 1큰술을 넣어 밥을 짓는다. ❺ 파는 송송 썰고, 마늘은 다지고, 간장과 고춧가루, 참기름을 넣어 양념장을 만든다. ❻ 지어진 무밥에 양념장을 곁들여 완성한다.

◎ 요리　한살림식생활센터
◎ 요리법　2020년 서울시 식생활교육 현장체험교실(비대면) 중 류귀애님

살림이의 귀띔	물의 양	· 전기압력밥솥에 할 경우: 밥의 양보다 조금 적게 잡습니다. · 일반 솥에 할 경우: 밥의 양보다 조금 많게 잡습니다.
	불 조절	· 전기 압력밥솥에 할 경우: 쾌속으로 밥을 합니다. · 일반 압력밥솥에 할 경우: 추가 돌고 2분이 지난 후 불을 끕니다. · 일반 솥에 할 경우: 처음에 센 불로 가열하다가 끓어오르면 중불로 줄이고 쌀알이 퍼지면 불을 약하게 하고 뜸을 충분히 들입니다.
식재료&요리법 이용 도움		어린이(초등 4~6학년)와 함께 하는 가족요리교실 과정에서 함께 배워본 요리법입니다. 온 가족이 함께 요리법대로 만들어 보세요.

겨울

무전

 40분
 5인분
 GMO-free
 채식

재료

무 400g, 통밀가루 1컵, 물 1/2컵, 식용유·소금 약간

초간장 조선간장 1큰술, 진간장 1큰술, 식초 1큰술, 사과농축액 1작은술

만드는 방법

 한살림TV

❶ 무는 반은 채 썰고 반은 강판이나 믹서기에 간다.
❷ 무청은 잘게 다진다.
❸ 믹싱볼에 ①과 ②를 넣고 소금으로 간한다.
❹ ③에 통밀가루와 물을 넣고 섞어 반죽을 만든다.
❺ 팬에 현미유를 두르고 동그랗게 모양을 잡아 부친다.
❻ 초간장을 곁들여 먹는다.

🍽 요리/요리법 한살림식생활센터 박혜영 님

겨울

무포타주

30분

4인분

채식

재료 무 1/3개(300~400g), 양파 1개, 대파 1대, 두유 2봉, 채수 2컵, 쌀가루 2큰술, 소금·후추 약간

만드는 방법
1. 쌀가루와 미리 우려둔 채수를 잘 섞어 놓는다.
2. 양파와 파는 잘게 다진다.
3. 무는 가늘게 채 썬다.
4. 냄비에 물 반 컵을 넣고 김이 나면 양파를 넣어 매운 향이 없어질 때까지 볶는다.
5. ④에 무와 파를 차례대로 넣고 소금으로 간한 뒤 끓인다.
6. ①을 더해 쌀가루가 익을 때까지 푹 끓인다.
7. 두유를 넣고 핸드블렌더로 곱게 간다.
8. 소금, 후추로 간한다.

요리/요리법 한살림식생활센터 박혜영 님

▶ 한살림TV

살림이의 귀띔	포타주는 다소 걸쭉한 식감의 프랑스식 스프의 일종입니다.
식재료&요리법 이용 도움	동물성 재료인 우유가 아닌 채수와 두유를 사용해 채식인도 이용가능한 요리법입니다.

겨울

삼치간장조림

 20분　 1인분　 GMO-free

재료　순살삼치 1조각, 마늘 1알, 당근·목이버섯 약간, 양념간장 2큰술, 미온 2큰술, 설탕 1큰술, 전분가루·식용유 약간

만드는 방법
❶ 마늘과 당근은 채 썰고, 목이버섯은 먹기 좋은 크기로 찢는다.
❷ 삼치는 물기를 제거하고, 전분을 고루 발라 기름 두른 팬에 굽는다.
❸ ①의 마늘과 당근을 볶다가 양념을 더해 조린 후 목이버섯을 넣고 가볍게 섞어 소스를 만든다.
❹ ②에 ③의 소스를 끼얹어 마무리한다.

요리/요리법　한살림식생활센터 정현이 님

살림이의 귀띔	삼치나 고등어 등 살이 많은 다른 생선을 이용해도 되는데, 순살 삼치나 고등어는 가시를 발라낸 것이라 어르신과 아이들 모두 더욱 마음 놓고 드실 수 있습니다.
식재료&요리법 이용 도움	GMO로부터 안전한 한살림 콩으로 만든 간장을 사용해 만들었습니다.

겨울

미역볶음밥

 30분　 2인분　 GMO-free　 채식

재료 불린 미역 한 주먹, 당근 1/3개, 청양고추 1~2개, 표고버섯 6개, 밥 두 공기, 소금 1/2큰술, 집간장 1/2작은술, 식용유·후추 약간

만드는 방법
❶ 미역, 당근, 고추, 표고버섯을 다진다.
❷ 달군 팬에 현미유를 두르고 ①을 볶다가 소금으로 밑간을 한다.
❸ ②가 어느 정도 익었을 때 밥을 넣고 볶고, 소금, 집간장, 후추로 간을 한다.

요리　한살림식생활센터
요리법　2020 30물품 요리 공모 수상작 중 김경린 님(한살림고양파주)

살림이의 귀띔
· 양배추도 잘게 썰어 넣으면 좋습니다.
· 미역을 국만 아니라 다른 요리에도 다양하게 응용 가능합니다. 건미역과 건표고, 냉동실에 얼린 청양고추만 있다면 볶음밥이 가능하고, 밥 대신 전을 만들 수 있습니다.

식재료&요리법 이용 도움
미역을 주재료로 해서 채소 재료만으로 만든 요리법입니다.

겨울

시금치유정란만두

 20분   1인분   GMO-free

재료 시금치 150g, 유정란 2개, 만두피 7~8장, 소금·식용유 약간
양념 간장 2작은술, 설탕 1작은술

만드는 방법

❶ 시금치는 끓는 물에 소금을 약간 넣고 30초 이내에 데친 후 잘게 썰어 간장과 설탕으로 양념한다.
❷ 유정란은 달군 팬에 기름을 두르고 스크램블한다.
❸ ②의 팬에 ①을 넣고 30초 더 볶는다.
❹ 만두피 가장자리에 물을 바르고 ③을 만두소로 해서 만두를 빚는다.
❺ 팬에 식용유를 넉넉히 두르고 만두를 노릇하게 굽는다.

요리/요리법 한살림식생활센터 정현이 님

▶ 한살림TV

살림이의 귀띔
· 시금치를 데쳐 잘게 잘라 유정란을 넣고 소를 만든 만두입니다.
· 만두피에 만두소를 듬뿍 넣고 팬에 바삭하게 구우면 부담없는 간식으로 먹기 딱 좋아요. 슴슴한 맛을 원한다면 시금치에 넣는 간장과 설탕의 양을 줄이면 됩니다.

식재료&요리법 이용 도움
· 겨울 시금치는 추위를 이기기 위해 단맛을 내는 베타카로틴을 더 많이 생성하기 때문에 다른 계절의 시금치보다도 달고 고소한 맛과 향이 가득합니다.
· GMO로부터 안전한 한살림 콩으로 만든 간장을 사용해 만들었습니다.

시금치채식카레

30분

2인분

채식

재료 시금치 150g, 두유 160㎖, 양파 1/4개, 당근 1/4개, 채식카레가루 4큰술, 농축토마토소스(또는 유기농토마토케첩) 3큰술, 소금·식용유 약간

만드는 방법

❶ 시금치는 끓는 물에 소금을 약간 넣고 30초 이내로 데친 후 잘게 잘라, 두유를 약간 넣고 핸드블렌더로 곱게 간다.
❷ 양파와 당근은 먹기 좋은 크기로 썬다.
❸ 카레가루는 물 4큰술에 미리 개어둔다.
❹ 달군 팬에 식용유를 두르고 ②의 채소를 볶으며 소금으로 간하고, 물 100㎖를 넣고 끓인다.
❺ 충분히 끓으면 ①의 시금치와 두유, ③의 카레, 농축토마토소스를 넣고 끓인다.

요리/요리법 한살림식생활센터 정현이 님

▶ 한살림TV

식재료&요리법 이용 도움 동물성 식재료를 사용하지 않아 채식인도 이용가능한 요리법입니다. 채식인이 아니라면 다른 종류의 카레가루나 두유대신 우유를 이용하셔도 됩니다.

겨울

콩나물해장국 전주식

 40분 | 4인분

재료 밥 4공기, 콩나물 300g, 배추김치 200g, 오징어 1마리, 다진마늘 1큰술, 새우젓 1~2큰술, 유정란 4개, 홍고추·청양고추·대파 적당량
황태맛국물 양파껍질, 대파, 파뿌리, 무, 황태머리/꼬리, 표고버섯

만드는 방법
❶ 황태맛국물 재료를 냄비에 넣고 끓인 뒤 체에 거른다.
❷ ①의 국물을 다시 불에 올려 깨끗이 씻은 콩나물을 데쳐낸다.
❸ 오징어는 씻은 뒤 ①의 국물에 넣어 데쳐 사방 1cm 크기로 썬다.
❹ 대파와 고추는 송송 썰고, 배추김치는 1cm 폭으로 썬다.
❺ 뚝배기에 1인분씩의 밥, ①의 황태맛국물과 콩나물, 송송 썬 배추김치를 나눠 넣고 바글바글 끓이다가 마늘과 새우젓을 넣고 간한다.
❻ ⑤에 대파, 고추, 유정란, ③의 썬 오징어를 올리고 불을 끈다.

요리/요리법 2018 한살림 김치학교 중 채송미 님

살림이의 귀띔 콩나물 꼬리에는 숙취 해소에 좋은 아스파라긴 성분이 풍부하므로 떼지 않는 것이 좋습니다.

겨울

배추볶음

 30분　 4인분　 채식

재료 배추 300g, 표고버섯 2개, 생강 약간, 마른홍고추 1개, 참기름 2작은술, 현미유 약간, 현미식초 2작은술, 채수 4큰술, 소금, 후추 약간

만드는 방법
❶ 배추는 한입 크기로 어슷하게 썰고 표고버섯은 먹기 좋게 자른다.
❷ 생강은 채썰고, 홍고추도 잘게 자른다.
❸ 팬에 현미유와 참기름을 두르고 생강과 홍고추를 차례대로 넣어 볶는다.
❹ 향이 올라오면 표고버섯을 넣고 볶는다.
❺ ④에 배추를 넣고 볶는다.
❻ 배추 숨이 죽으면 채수와 식초를 넣고 볶는다.
❼ 소금, 후추로 간한다.

🍳 요리/요리법 한살림식생활센터 박혜영 님

 한살림TV

겨울

채식팔보채

30분

4인분

채식

재료

배추 200g, 당근 20g, 연근 30g, 죽순 50g, 청경채 50g, 대파 1/2대, 표고버섯 1개, 목이버섯 2~3개, 생강 약간, 참기름 2작은술, 채수 100㎖, 조선간장 1작은술, 진간장 1큰술, 쌀조청 1작은술, 소금 약간, 찹쌀가루 1큰술, 물 1큰술

만드는 방법

❶ 배추는 한입 크기로 어슷하게 자른다.
❷ 표고버섯과 목이버섯은 먹기 좋은 크기로 자른다.
❸ 연근은 반달 모양으로 얇게 자르고, 당근도 세로로 먹기 좋은 크기로 자른다.
❹ 청경채는 먹기 좋은 크기로 자르고, 죽순도 세로로 얇게 자른다.
❺ 생강은 얇게 채썰고, 대파는 어슷썬다.
❻ 찹쌀가루는 물에 풀어둔다.
❼ 팬에 참기름을 두르고 생강, 대파를 넣고 향이 날 때까지 볶는다.
❽ 표고버섯, 목이버섯, 죽순, 연근을 순서대로 넣고 조선간장을 더해 볶는다.
❾ 배추, 당근, 대파, 청경채를 넣고 소금을 뿌린 후 채수를 넣고 살짝 쪄내듯 끓인다.
❿ 진간장과 쌀조청을 넣은 뒤 ⑥을 더해 섞어준다.

요리/요리법 한살림식생활센터 박혜영 님

한살림TV

전통 살림 밥상

지구 반대편의 음식도 배달 주문으로 간편하게 먹을 수 있는 시대에 전통살림밥상을 왜 알아야 할까요? 가스나 전기 같은 에너지도, 냉장고나 믹서 같은 가전제품도 없고, 동물성 식재료가 귀했던 시절에 차렸던 밥상은 우리 몸에 가장 잘 맞으면서도 친환경적입니다. 현 시대에 전통살림밥상이 가지는 가치를 돌아볼 수 있는 요리법을 소개합니다.

후세에 전하고 싶은
전통식생활 속에
깃든 지혜

된장과 간장이 인생이고 우주인 사람이 있다. 결혼 후 30년 넘게 해마다 장을 담고 나누면서 다농식품을 이끌어 온 그녀는 된장과 간장이 담긴 수 백 개의 장항아리가 소중하다. 장(醬)의 좋은 맛을 이어가고 확산하기 위해 그녀는 100년 된 씨간장을 소금단지 항아리 속에 보관한다. 어려서 친정어머니로부터 먹새를 나누고 차리는 마음을 보고 자란 그녀는 결혼 후 시어머니에게 배운 종가의 음식솜씨를 바탕으로 2018년 대한민국식품명인 78호(된장) 명인이 되었다. 긴 세월 장을 중심으로 음식을 해서 먹이는 일에 기쁨을 느껴온 조정숙 그녀의 이야기를 들어본다.

조정숙 대표
대한민국 식품명인 78호(된장)

한국의 장담그기 문화를 유네스코에 등재하는 것도 중요하지만 먹어서 지킬 수 있는 장맛을 위해 직접 장담그기를 경험할 수 있도록 교과 과정에 수록되어 학생들이 경험할 수 있기를 희망한다.

조정숙 명인(좌)과
딸 변수정 전수자(우)

조정숙 명인은 종갓집 셋째 아들과 결혼해 종가의 음식을 맛보면서 색다른 맛의 세계를 경험하고 그 맛에 매료되었다. 1년에 12번의 제사와 손님 접대를 정성으로 준비하는 시어머니의 단호하면서 정갈한 솜씨는 풀먹인 앞치마의 사각거리는 소리만큼이나 단정하고 맛있었다. 가스불이 아닌 화로에 끓여 먹던 청국장이나 제사를 지내고 봉송(제사 지낸 음식을 싸서 선물로 드리는 문화)을 싸고도 남은 육전을 간장에 넣었다가 밥에 쪄서 먹던 그 고담하고 수수한 맛에 반해 본격적으로 시어머니가 하는 음식을 전수받았다. 종갓집에서 특히 중요시 했던 장을 담그는 방법을 상세하게 배우면서 자연스럽게 종가의 내림음식을 배우고 직접 만들어냈다.

조정숙 명인은 자신의 재산은 된장, 간장, 고추장이라고 당당하게 말한다. 된장, 간장, 고추장만 있으면 어떤 음식도 할 수 있고 장을 담근 기간에 따라 청장 진장으로 구분하여 간장을 사용하고, 맛있는 된장의 시기와 고추장에 어울리는 음식을 찾아내고 활용하면서 음식의 깊은 맛을 알게 되었다. 밥상을 차릴 때 씨간장 한 종지를 두어 침샘을 자극하고 사람마다 다른 음식의 간을 조절하게 하는 배려는 지금도 꼭 지키는 밥상차림이다. 전통식생활 속에서 배운 지혜다. 시할머니 때부터 담가온 100년 가량 된 간장을 씨간장으로 삼아 씨간장을 해마다 채우고 보관해 온 조정숙 명인은 간장이 오래될수록 감칠맛으로 달면서도 맛있게 짠 간장의 비밀이 장석(간장을 발효 시킬 때 염도가 짜면 소금으로 만들어진 것)에 있음을 알았다. 세월과 햇빛으로 점점 줄어드는 씨간장을 보관하기 위해 큰 항아리에 간장 단지를 넣고 소금으로 채워 보관하고 있다. <u>그녀는 전통적인 식생활을 실천하면서 얻게 된 지혜와 달큰하면서도 맛있게 짠 간</u>

장 맛, 구수한 된장 맛을 널리 알려내고 지속가능한 우리의 밥상을 지키기 위해 전통장류 활동을 꾸준히 해오고 있다. 조정숙 명인은 장을 담그는 문화와 장을 맛있게 먹을 수 있도록 기회만 되면 교육을 다닌다. 음식은 맛으로 경험하고 만드는 과정을 아는 것이 중요하기에 초등학생들을 데리고 전통 방식으로 장담그는 과정을 보여준다. 장담그기 과정에서 필요한 소금물을 얻기 위해 질시루에 면보를 깔고 불순물을 거르는 모습을 경험할 수 있게 힘이 들더라도 그 모든 도구를 교육 현장에 갖고 다닌다. 그녀는 장을 중심으로 한 음식문화를 지켜가기 위해 한국의 장담그기 문화를 유네스코에 등재하는 것도 중요하지만 먹어서 지킬 수 있는 장맛을 위해 초중고 시절에 직접 장담그기를 꼭 경험할 수 있도록 교과 과정에 수록되어 학생들이 경험할 수 있기를 희망한다. 후배 세대가 잘 먹을 수 있도록 장을 활용한 다양한 요리법을 개발하는 이유도 젊은 세대들이 좋아할 수 있는 장맛을 어려서부터 경험하고 지속적으로 찾을 수 있도록 하기 위해서다.

조정숙 명인은 식(食)속에서 모든 것이 다 이루어진다는 마음으로 밥상을 차리고 오가는 손님들에게 밥 대접이 후하다. 다른 이의 먹는 즐거움을 위해 나의 수고가 꼭 필요하고 그 수고로움이 행복하다고 말한다. 먹는 것을 통해 몸의 건강도 챙기고 가까운 이들과 정을 나누고 혹시 맘이 불편하거나 화나는 일이 있어도 밥 한 끼 정성스럽게 해서 먹이는 진정성이면 모든 것을 해결할 수 있다고 믿는다. 그녀의 음식이야기는 오랜 세월동안 친정 어머니로부터 보고 자랐고, 시어머니에게 전수받은 음식내림과 본인이 노력하고 개발한 것들로 연결되어 있다. 딸과 함께 준비하고 있다는 그녀만의 음식책에 어떤 내용들이 담기게 될지 벌써부터 기대된다.

> **전통음식이란?**
>
> 한 나라의 지리, 기후, 풍토 등의 자연적인 특징과 정치, 경제, 사회적 여건에 따라 다르게 형성되는 식문화를 기반으로 전통 방식대로 만든 음식을 전통음식이라고 한다.
>
> 우리나라 식생활 문화의 기본은 자연환경 영향이 가장 크다. 주요 식량인 쌀이 잘 자랄 수 있는 토양, 기온, 강수량 등의 자연환경 덕분에 밥과 국찌개문화가 형성되었다. 특히 주식과 부식이 구분되어 반찬 문화가 발달했다. 사계절이 뚜렷하여 계절별 생산되는 채소를 중심으로 나물음식이 찬의 기본이 되었으며 채소를 저장하는 식문화가 발달했다. 대두 원산지가 근접해 있어 콩을 발효한 장류와 콩을 활용한 식품도 발달했다. 간장과 된장을 기본 양념으로 사용하거나 두부요리가 발달한 것도 특징이다. 삼면이 바다라 어패류를 활용한 김치와 젓갈은 세계무형유산에 등재될 만큼 전통 밥상을 풍요롭게 했다. 간장, 파, 마늘, 참깨, 참기름, 고춧가루 등의 갖은 양념을 지혜롭게 사용한 것도 우리 전통음식의 특징이다.

봄

오신반

 20분   4인분

재료 현미밥 4공기, 달래 100g, 솔부추 100g, 어린잎채소 50g, 냉이 200g, 한재미나리 100g, 한우볶음고추장 4큰술, 참기름 약간

만드는 방법
❶ 냉이는 다듬어 데친다.
❷ ①과 달래, 솔부추, 한재미나리는 5cm 길이로 썬다.
❸ 밥에 ②를 가지런히 올린 후 한우볶음고추장, 참기름을 올린다.

🍲 요리/요리법 2020 면역력 키우는 제철밥상 중 류귀애 님

살림이의 귀띔 오신반은 맵고 향기가 나는 다섯 가지 신선한 채소로 겨우내 부족했던 비타민을 채우고 몸의 모든 기관이 균형과 조화를 이루기를 기원하며 먹었던 입춘즈음 절기 밥상입니다.

멍게감자물김치

4인분

비가열

재료

배추속대 800g, 밤 3개, 미나리 50g, 실파 50g, 멍게 3마리, 홍고추 2개, 소금 적당량(소금물 농도 소금 1 : 물 6 정도)

양념 물 10컵, 감자 1개, 생강 15g, 마늘 30g, 배 200g(1/3개), 양파 100g(1/2개), 매실액(1/3컵), 사과 100g(1/2개), 멸치액젓 1큰술, 설탕·소금 적당량

만드는 방법

❶ 배추속대는 길이로 2, 3등분하고 5~6㎝ 길이로 잘라 씻는다.
❷ 손질한 속대는 소금에 20분 정도 절였다가 가볍게 씻어 채반에 건진다.
❸ 깨끗이 손질한 실파, 미나리는 5㎝ 길이로 썬다(굵으면 반으로 쪼갠다).
❹ 멍게는 앞뒤로 잘라 물을 면보에 걸러 모아두고, 살은 꺼내어 내장을 제거하고 적당한 크기로 자른다.
❺ 밤은 얇게 편으로 썰고, 홍고추는 링으로 얇게 썰어 씨를 제거한다.

국물 만들기

❶ 감자는 껍질을 제거하고 얇게 썰어 냄비에 물 10컵을 붓고 푹 삶는다.
❷ 생강 15g, 마늘 30g, 배 200g(1/3개), 양파 100g(1/2개), 사과 100g(1/2개)는 각각 적당한 크기로 썬다.
❸ 믹서에 ②의 재료와 감자 삶은 물을 넣고 곱게 갈아 체에 거른다.
❹ 준비한 양념에 매실액, 멍게물, 설탕, 멸치액젓, 소금(약간)을 섞어 완성한다.

김치 담그기

❶ 국물, 배추속대, 멍게, 미나리, 실파, 홍고추, 얇게 썬 밤을 섞는다.
❷ 소금으로 간간하게 간을 맞춘다.

◉ 요리/요리법 2018 한살림김치학교 중 고은숙 님(강원식문화연구원)

톳간장장아찌

GMO-free

재료 톳 1kg

맛국물 멸치 20g, 양파 100g, 마늘 50g, 생강 15g, 통후추 1/2큰술, 건고추 3개, 다시마 10×10cm 한 장, 물 5컵

양념장 맛국물 2컵, 간장 1컵, 생강즙 3큰술, 설탕 1컵, 유기쌀올리고당 1/2컵, 된장 2큰술, 식초 1컵, 청주 1/2컵

만드는 방법

❶ 톳은 깨끗하게 씻어 찬물에 30분 정도 담가 염분을 뺀 다음 헹궈 체에 밭쳐 물기를 뺀다.
❷ 끓는 물에 톳을 30초 정도 데쳐내어 찬물에 헹군다.
❸ 맛국물의 재료를 끓여서 2컵으로 만든다.
❹ 맛국물, 간장, 생강즙, 설탕, 유기쌀올리고당을 먼저 3분 정도 끓인 후 된장, 청주, 식초를 넣어 끓인다.
❺ 그릇에 톳을 담고 양념장물을 식혀서 부어준다.
❻ 식힌 후 용기에 담아 냉장 보관하여 숙성시킨다.
❼ 각각 5일, 10일, 20일 후 양념장물만 따라내고 끓여서 식힌 양념장물을 톳에 부어준다.
❽ 톳이 뜨지 않도록 냉장보관한다.

요리법 2019 한살림장아찌학교 중 이선미 님

살림이의 귀띔
· 톳을 찬물에 담가 염분을 뺄 때 식초를 약간 넣어주면 비린맛은 사라지고 새콤하게 씹는 식감이 올라갑니다.
· GMO로부터 안전한 한살림 콩으로 만든 간장과 된장을 사용해 만들었습니다.

봄

냉이바지락밥

1시간   4인분

재료
쌀 2컵, 냉이 100g, 바지락 150g, 청주 1큰술, 물 2컵
달래장 간장 1큰술, 달래 2큰술, 깨소금 조금

만드는 방법
1. 쌀을 씻어 체에 받쳐 30분간 불린다.
2. 냉이는 깨끗하게 손질한 후 끓는 물에 살짝 데쳐 한 입 크기로 썰어 놓는다. 달래도 다듬어 씻어 체에 받쳐 물기를 뺀다.
3. 바지락은 해감 후 냄비에 물, 바지락을 넣고 바지락이 입을 열 때까지 끓여 체에 받친다.
4. 솥에 쌀을 넣고 바지락 삶은 물로 밥물을 잡는다.
5. 밥이 끓기 시작하면 썰어 놓은 냉이, 바지락살, 청주를 넣고 뚜껑 덮는다.
6. 달래는 잘게 썰어 되직하게 양념장을 만든다.
7. 냉이바지락밥을 그릇에 담아서 달래장과 함께 낸다.

요리/요리법 한살림식생활센터 절기식문화연구분과

살림이의 귀띔
4월인 제철인 바지락살과 봄나물은 영양학적 균형은 물론 맛도 잘 어우러져 다양하게 요리해 먹을 수 있습니다.

미나리김치

 30분   4인분

재료

미나리 500g, 양파 1개

양념 배농축액 20g, 멸치액젓 25g, 다진마늘 20g, 소금 7g, 고춧가루 1큰술, 찹쌀풀 100g(찹쌀가루 1큰술, 120㎖)

만드는 방법

❶ 미나리는 다듬어 씻어 데친 후 4등분하여 자른다.
❷ 물에 찹쌀을 풀어 저어가며 끓여 찹쌀풀을 만든다.
❸ 볼에 배농축액, 멸치액젓, 다진마늘, 소금, 찹쌀풀, 고춧가루를 섞어 양념을 만든다.
❹ 양파는 채썰어 양념에 먼저 버무린다.
❺ ③에 미나리를 넣고 버무리고 통깨를 뿌려 완성한다.

요리/요리법 한살림식생활센터 절기식문화연구분과

살림이의 귀띔

미나리나물 무침과 다르게 김치 양념을 활용했으며 미나리를 절이지 않고 데쳐 금방 먹는 부드러운 맛의 김치입니다.
무쳐서 바로 나물로 먹을 경우 설탕 1큰술정도 넣으면 단맛이 나서 좋습니다.

봄

애탕

30분

4인분

재료 소고기 국거리 200g(완자용 100g, 장국용 100g), 쑥 100g, 밀가루 2큰술, 달걀 1개, 소금 약간, 국간장, 물 6컵
완자양념 국간장 2작은술, 소금 1/2작은술, 다진파 1작은술, 다진마늘 1작은술, 참기름 1작은술, 후춧가루 약간
장국양념 국간장 2작은술, 소금 1/2작은술, 참기름 1작은술, 후춧가루 약간

만드는 방법

❶ 쑥은 연한 것으로 골라 끓는 물에 살짝 데쳐서 헹구고 꼭 짜서 다진다.
❷ 완자용 소고기는 기름기가 적은 살코기를 이용해 곱게 다진다.
❸ ①과 ②를 합해 양념을 넣어 덩이를 만들고 끈기나도록 치댄다. 잘 치대진 덩이를 1㎝ 크기 완자로 빚는다.
❹ 장국용 소고기는 납작하게 썰어서 양념하여 냄비에 살짝 볶다가 물을 붓고 끓여서 국간장과 소금으로 간을 맞추어 국물을 만든다.
❺ 완자에 밀가루를 고르게 묻혀 달걀 물을 입힌 다음 펄펄 끓는 장국에 넣어 완자가 익어 떠오를 때까지 끓인다.
❻ 남은 달걀 물로 줄알을 치고 바로 담아낸다.

● 요리/요리법 한살림식생활센터 절기식문화연구분과

살림이의 귀띔 줄알치기는 달걀 물을 줄처럼 두르게 해서 뭉치지 않도록 익히는 것을 말합니다.
줄알지기 후에는 오래 끓이지 말고 부드럽게 익혀 먹습니다.

봄

탕평채

 30분　 4인분

재료 청포묵 420g, 돼지고기 100g, 표고버섯 20g, 숙주 80g, 미나리 80g, 유정란 2개, 김 1장, 소금 1큰술, 참기름 2큰술
고기양념장 간장 2작은술, 설탕 1작은술, 다진파 1작은술, 다진마늘 1/2작은술, 참기름 1작은술, 깨소금 약간, 후추 약간
초간장 간장 2큰술, 식초 2큰술, 물 2큰술

만드는 방법
❶ 청포묵은 길이 7cm, 폭과 두께 0.5cm로 채 썬 후 끓는 물에 데친 후 찬물에 헹구어 소금과 참기름으로 밑간한다.
❷ 돼지고기는 길이 5cm, 폭, 두께 0.3cm로 채 썰어 양념장으로 밑간하여 볶는다.
❸ 숙주는 머리와 끝을 손질하고 미나리는 줄기부분만 끓는 물에 데친 후 찬물에 헹구어 소금과 참기름으로 밑간한다.
❹ 달걀은 황·백 지단을 부쳐 곱게 채 썬다.
❺ 김은 약불에서 살짝 구워 부수고 접시에 준비한 재료를 색에 맞춰 담고 먹을 때 초간장으로 무친다.

🍳 요리/요리법 한살림식생활센터 절기식문화연구분과

살림이의 귀띔 미나리는 음식이 정갈하게 보이도록 잎은 사용하지 않고 줄기부분만 이용합니다.

죽순겨자채

 30분   4인분

재료

죽순 100g, 양배추 50g, 당근 1/3개, 오이 1/2개, 배 1/3개, 밤4개, 새우살 200g, 목이버섯 50g, 달걀 1개

겨자즙 겨자 2큰술, 물 1큰술, 식초 2큰술, 설탕 1/2큰술, 소금 1작은술, 배즙 또는 유자청 2큰술

만드는 방법

❶ 양배추, 당근, 오이, 목이버섯, 죽순은 1×4cm크기, 0.2cm 두께로 썰어둔다. 죽순은 결이 보이게 썬다.
❷ 밤, 배도 1×4cm크기로 썬다.
❸ 끓는 물에 목이버섯, 죽순, 새우살을 데쳐 식힌다.
❹ 달걀은 지단을 부쳐 1×4cm 크기로 썬다.
❺ 겨자에 식초와 설탕, 소금, 물, 유자청을 섞어 소스를 만든다.
❻ 볼에 재료를 모두 섞고 겨자소스를 넣어 무친 뒤 접시에 담아 잣을 얹는다.

● 요리/요리법 한살림식생활센터 절기식문화연구분과

살림이의 귀띔 겨자채 재료를 접시에 돌려 담고 따로 겨자즙을 내어 먹기 직전 무쳐도 좋습니다.

한설희이 제안하는 상큼발상 차림

쑥굴레 쑥구리

4인분

재료

건식 찹쌀가루300g, 소금 1g, 쑥가루 10g 또는 쑥 30g, 물 240g, 대추 5알, 잣 조금
고물 거피팥 150g 또는 거피녹두 150g, 소금 1g, 꿀 30g, 유기설탕 20g, 계피가루 약간

만드는 방법

❶ 찹쌀가루, 소금을 섞어 체에 내리고 쑥가루와 물을 넣어 살살 비벼 섞는다.
❷ ①을 김 오른 찜통에 넣고, 중약불에서 10분간 찐 후 꺼내서 한김 식힌 후 15분간 치댄다.
❸ 팥은 5시간 정도 불려 거피하고 김 오른 찜통에 쪄 낸 후 뜨거울 때 소금을 넣고 절구에 찌어 체에 내린다.
❹ 대추는 돌려 깎아 잘게 썰고, 잣은 종이 행주를 깔고 밀대로 밀어 다진다.
❺ ③의 팥은 둘로 나눠 소와 고물로 사용할 수 있도록 하고, 대추, 잣, 설탕, 꿀, 계피가루를 넣어서 거피팥소를 촉촉하게 만든다. 거피팥소를 공 모양으로 둥글게 빚는다.
❻ 손에 기름 또는 물을 발라 반죽을 20g씩 떼어 납작하게 만들어 거피팥소를 넣어 둥글게 빚은 후에 고물을 묻혀 접시에 담는다.

🥄 요리/요리법 한살림식생활센터 절기식문화연구분과

살림이의 귀띔

쑥을 사용할 경우 잎만 떼어 깨끗이 씻어 중불에서 15분 가량 쪄서 다진 후, 찹쌀가루와 소금을 넣어 쉽습니다.

봄

바람떡 개피떡

4인분

재료	건식멥쌀가루 300g, 쑥가루 3g, 아로니아가루 3g, 소금 2큰술, 물 260g
소	거피녹두 2컵, 소금 1/2큰술, 꿀(설탕)1/2컵, 계피가루 1작은술, 참기름

만드는 방법

❶ 멥쌀가루를 체에 내려 100g씩 3등분 한다.

❷ 멥쌀가루를 100g씩 나누어 쑥가루, 아로니아 가루를 넣어 섞는다. 3개의 가루에 소금을 섞어서 면보를 간 찜통에 넣어 찐 후 절구에 넣고 꽈리가 일도록 쳐서 흰색, 녹색, 보라색 덩어리를 만든다.

❸ 거피녹두는 물에 불려 껍질을 벗겨 찜통에 쪄낸 후 뜨거울 때 소금을 넣어 주걱으로 으깨어 체에 내린다.

❹ ③에 소금, 꿀, 계피가루를 섞어 밤톨 크기로 녹두소를 만든다.

❺ 떡덩어리를 밀대로 밀고, 녹두소를 중앙에 하나씩 놓아 떡자락에 작은 보시기나 종지로 눌러 반달 모양으로 찍은 후, 참기름을 발라 담아 낸다.

요리/요리법 한살림식생활센터 절기식문화연구분과

살림이의 귀띔 바람떡을 만들 때 가능한 소와 공기가 많이 들어가도록 만든다. 떡반죽은 너무 되면 끝이 잘 붙지 않고 벌어지므로 수분농도를 잘 맞추어야 합니다.

봄

수리취떡

4인분

재료 건식멥쌀가루 300g, 쑥 100g, 따뜻한 물 200g, 소금 3g, 참기름, 떡살

만드는 방법

❶ 쑥은 다듬어 씻어 끓는 물에 소금을 넣고 데친다. 데친 쑥은 찬물에 씻어 물기가 남도록 살짝 짠다.

❷ ①을 믹서에 넣고 거칠게 간다. 쌀가루는 체에 내려 믹서에 간 쑥을 넣고 따뜻한 물로 반죽한다.

❸ 김이 오른 찜기에 ②를 넣고 중불에서 20분간 찐다.

❹ ③을 볼에 넣고 찰지게 치대서 떡 덩어리를 만든다.

❺ 떡덩어리 30g씩을 둥글 납작하게 빚어 다양한 떡살로 문양을 찍는다.

❻ 떡살로 문양을 낸 떡에 참기름을 발라 접시에 담아낸다.

요리/요리법 한살림식생활센터 절기식문화연구분과

살림이의 귀띔 수리취떡은 멥쌀가루에 쑥이나 수리취를 섞어 만든 떡인데 고조리서에 보면 두 가지 모두를 사용한 기록이 보인다. 쑥이 주변에서 구하기 쉬워 떡에 자주 사용되었으며 수리취가 나오는 계절에는 수리취를 사용하기도 했다. 수리란 표현은 수리취에서 나왔다는 의견도 있고 수레바퀴 모양을 닮은 떡살무늬를 일컫는다는 이야기도 있습니다.

깻잎된장장아찌

GMO-free

재료

깻잎 약 500g

맛국물 멸치 10g, 다시마 10×10㎝ 1장, 양파 100g, 건고추 2개, 건표고버섯 1개, 생강 5g, 마늘 4알, 물 4컵

양념장 맛국물 1컵, 유기쌀올리고당 1컵, 설탕 3큰술, 다진마늘 1/2컵, 생강즙 3큰술, 된장 1.5컵, 청주 1/2컵

만드는 방법

❶ 깻잎을 한 장씩 흐르는 물에 깨끗이 씻어 꼭지는 1㎝만 남기고 다듬어 세워 물기를 빼준다.
❷ 찜기에 물이 끓으면 깻잎을 올려 2~3분 정도 쪄서 물기를 꼭 짜 준다.
❸ 맛국물용 재료를 넣어 1컵 정도 분량이 될 때까지 끓여낸다.
❹ ③에 다진마늘, 생강, 유기쌀올리고당, 청주를 넣어 5~6분 정도 졸이듯이 끓인다.
❺ 불을 끄고 ④에 된장을 넣어 섞어 1~2분 정도 끓여서 양념장을 만든다.
❻ 식힌 양념장을 깻잎 사이사이에 발라, 냉장보관하여 숙성시킨다.

요리/요리법 2019 한살림장아찌학교 중 이선미 님

살림이의 귀띔

깻잎된장장아찌는 담근 직후 바로 먹을 수도 있지만, 김치냉장고에 보관하며 먹는 것이 좋습니다.

식재료&요리법 이용 도움

GMO로부터 안전한 한살림 콩으로 만든 간장과 된장을 사용해 만들었습니다.

여름

보리열무김치

120분

재료
열무 2kg, 10% 소금물 4ℓ (물 3.6ℓ, 소금 400g), 보리 1컵, 물 3컵
김치양념 고춧가루 1컵, 보리밥 약간(보리 1컵), 새우젓 1/2컵, 멸치액젓 1/2컵, 실파(쪽파) 100g, 다진마늘 2큰술, 생강즙 1작은술, 양파즙 1/2컵, 청·홍고추 각 2개

만드는 방법

1. 열무는 다듬어서 먹기 좋은 크기로 자른다.
2. 손질한 열무에 10%의 소금물을 부어 1~2시간 절인다.
3. 보리 1컵을 씻어 3컵의 물을 붓고 푹 퍼지게 밥을 해서 식힌다.
4. 실파(쪽파)는 다듬어 씻어 4~5cm 길이로 썰고 청·홍고추는 곱게 어슷썰기를 한다.
5. 보리밥에 양념 재료를 잘 섞어 김치양념을 만든다.
6. 절인 열무를 받아놓은 물에서 살살 흔들어 씻어 건져 물기를 뺀다.
7. 양념을 넓게 편다.
8. 절여 씻은 열무를 넣고 양념을 바르듯 살살 버무려 용기에 담는다.
9. 김치를 버무린 그릇에 물과 고추를 조금 넣고 소금으로 간을 맞춘 다음 열무김치 위에 자박하게 붓는다.
10. 1~2일 상온에서 숙성시켜 냉장 보관하며 먹는다.

요리/요리법 2019 한살림김치학교 중 고은정 님

살림이의 귀띔 보리와 열무기 나는 여름부터 가을까지 시원하게 담가먹기 좋은 김치입니다.

여름

얼갈이열무김치

80분

재료 얼갈이 1kg, 열무 1kg, 당근 100g, 실파(쪽파) 50g, 청·홍고추 각 1개, 양파 1개
김치양념 다진마늘 2큰술, 생강 약간, 보리 1/2컵, 새우젓 2큰술, 까나리액젓 1/2컵, 홍고추 10개, 풋고추 10개, 청양고추 6개, 양파 1개, 사과 1개
보리밥 보리쌀 1/2컵, 물 3컵
소금물 물 2ℓ, 소금 200g

만드는 방법
❶ 얼갈이와 열무는 7~8cm 크기로 손질하여 소금물에 30~40분간 절인다.
❷ 보리는 씻어 3컵의 물을 붓고 푹 퍼지게 밥을 해서 식힌다.
❸ 김치양념에 보리밥을 넣고 믹서기에 갈아 준비한다.
❹ 청·홍고추는 어슷 썰고, 당근, 양파, 실파(쪽파)는 4cm 길이로 썬다.
❺ 절여진 얼갈이와 열무는 풋내가 나지 않게 살살 씻어 건진다.
❻ 큰 볼에 얼갈이와 썰어 놓은 채소를 모두 넣고 김치양념으로 고루 버무린다.
❼ 간을 본 후 김치통에 담아 반나절 정도 상온에 두었다가 냉장 보관하여 먹는다.

◉ 요리/요리법 2019 한살림김치학교 중 강경자 님

살림이의 귀띔 김장 김치가 조금 물릴 시기인 늦은 봄과 초여름 담가 먹기 좋은 김치입니다.

여름

오이부추김치

 80분   4인분   비가열

재료	오이 6개, 부추 100g, 양파 1/2개, 소금 3큰술, 통깨 약간
	양념 고춧가루 1/2컵, 액젓 1/2컵, 양파 1/2개, 마늘 5알, 매실청 1.5큰술, 설탕 1/2큰술, 밥 1.5큰술

만드는 방법

❶ 오이는 적당한 길이로 잘라 세로로 4등분하고, 양파와 부추를 자른다.
❷ 물 3컵과 소금 3큰술을 넣은 소금물에 ①의 오이를 한 시간 절인 후 물기를 뺀다.
❸ 고춧가루를 액젓에 넣고 갠다.
❹ 매실청, 마늘, 양파, 밥을 넣고 믹서로 잘 갈아낸 후, ③과 섞어 양념을 만든다.
❺ 물기를 뺀 오이와 양파, 부추를 양념에 버무리고 통깨를 올려 마무리한다.

요리/요리법 한살림식생활센터 정현이 님

 한살림TV

살림이의 귀띔

· 절이는 소금의 양이나 시간은 오이의 크기, 절이는 장소의 기온 등에 따라 다르므로 절여진 상태를 확인하며 조절합니다.
· 오이의 진한 부분, 줄기와 연결되어 있던 윗부분은 반대쪽에 비해 상대적으로 두껍고 단단합니다. 소금물에 절일 때 바닥 쪽에 넣고 절입니다.

여름

오이송송이

 60분   4인분   비가열

재료 오이 5개, 부추 100g, 양파 1/2개, 굵은소금 적당량
양념 고춧가루 4~5큰술, 멸치액젓 3큰술, 새우젓 적당량, 마늘 2알

만드는 방법
❶ 오이는 굵은소금으로 문질러 씻은 후 물기를 빼고 길게 세로로 4등분하여 1.5㎝ 길이로 썬다.
❷ 부추는 깨끗이 씻어 물기를 빼고 1.5㎝ 길이로 썬다.
❸ 양파는 오이와 같은 크기로 깍둑썰기를 한다.
❹ 마늘은 곱게 다진다.
❺ 양념 재료를 모두 잘 섞는다.
❻ 썰어 놓은 오이와 부추, 양파에 준비한 양념장을 넣고 버무린다.

요리/요리법 2018 한살림·한식문화관 공동기획강좌 중 고은정 님

살림이의 귀띔 오이송송이는 오이와 무를 토막 내어 새우젓과 양념에 버무려 만든 김치로, '오이깍두기'라고도 합니다.

여름

쪽파부추김치

120분

재료

쪽파 2kg, 부추 500g

맛국물 멸치 30g, 다시마 10×10㎝ 1장, 양파 1개, 건고추 3개, 표고버섯 2개, 마늘 10알, 물 5컵

쪽파절임액 멸치액젓 1.5컵, 배즙 1컵

양념장 참치액젓 1/3컵, 물엿 1/2컵, 통깨 1컵, 고춧가루 2.5컵, 설탕 2큰술, 찹쌀죽(찹쌀가루 1컵, 맛국물 3컵), 마늘 1/2컵, 생강즙 2큰술, 황태포가루 100g

만드는 방법

❶ 쪽파는 굵지 않은 것으로 구입해서 깨끗이 손질해서 씻어 물기를 제거해 둔다.
❷ 부추는 깨끗이 다듬고 씻어 준비해 둔다.
❸ 쪽파절임액의 멸치액젓과 배즙을 부어 쪽파를 2시간 정도 담가둔다.
❹ 분량의 재료를 넣어 맛국물을 만든다.
❺ 맛국물과 찹쌀가루로 찹쌀죽을 쑨다.
❻ ③의 쪽파절임액을 다른 그릇에 부어 놓은 후 양념장을 만들어 섞어서 쪽파와 부추에 버무린다.
❼ 실온에서 잠시 둔 후 냉장보관한다.

요리/요리법 2019 한살림김치학교 중 이선미 님

여름

참외된장장아찌

채식

재료

참외 5개(단단하고 과육이 두꺼운 것 2.2kg 정도)
절임장 설탕 100g, 소금 100g, 유기쌀올리고당 1컵
양념장 된장 2컵, 조청 1/2컵, 마늘 1/2컵, 생강즙 3큰술, 청주 1/2컵,
표고가루 2큰술

만드는 방법

❶ 참외를 깨끗이 씻어 껍질이 있는 채로 반으로 갈라 속의 씨를 깨끗이 파낸다.
❷ 참외 과육의 무게를 재서 과육무게의 4~5% 소금과 설탕을 각각 준비하여 같이 섞어준다.
❸ 절임장의 설탕과 소금을 섞어 참외 가운데 자리에 넣은 후, 무거운 것을 올려 5시간 후 유기쌀올리고당 1컵을 넣어 버무린다(이 때 유기쌀올리고당 1컵을 넣고 버무려 하루 정도 무거운 것을 눌러주면 꼬들꼬들 식감이 좋다).
❹ 무거운 것으로 눌러 하루 정도 둔다.
❺ ④에서 과육은 건지고 물은 버린다.
❻ 그늘이나 식품건조기(38~40℃ 온도)에 꾸덕꾸덕하게 말린다.
❼ 마늘, 조청, 생강즙, 청주를 넣어 5분 정도 끓인 후 된장을 잘 섞어 1~2분 간 더 끓인다.
❽ 양념장을 식히고 참외를 버무려 냉장보관하여 숙성시킨다. 이때 양념장을 조금 남겨 위에 골고루 덮어준다.

요리/요리법 2019 한살림장아찌학교 중 이선미 님

초계탕

 30분   2인분

재료   반계탕 1팩, 동치미육수팩 1개, 오이 1개, 쌈채소모음, 토마토 1개, 달걀 1개
양념 식초 5큰술, 설탕 2큰술, 국간장 1큰술, 연겨자 1큰술, 소금
닭고기무침 식초 2큰술, 설탕 1큰술, 연겨자 1작은술, 다진마늘 2작은술,
소금 1/2작은술, 후추

만드는 방법

❶ 반계탕의 닭은 결대로 찢어 무침재료를 넣어 밑간을 한다.
❷ 반계탕 육수는 국물이 깔끔하도록 면보에 거른 후 동치미 육수를 넣어 초계탕 국물을 만들어 살얼음이 얼도록 냉동실에 둔다.
❸ 오이는 씻어서 어슷썰기 하여 소금으로 20분간 절인다. 절인 오이는 흐르는 물에 씻어 물기를 짠다.
❹ 쌈채소는 씻어 길이를 맞춰 썰고, 토마토는 먹기 좋게 썬다. 달걀은 황,백 지단을 부쳐내고 쌈채소 길이와 같도록 썬다.
❺ 그릇에 닭고기, 오이, 달걀지단, 토마토, 쌈채소를 담고 ②의 살얼음이 낀 육수를 붓는다.

요리/요리법 한살림식생활센터 절기식문화연구분과

살림이의 귀띔   초계탕에 곁들여 먹을 수 있도록 소면이나 메밀면 등을 삶아 올려도 좋습니다. 기호에 따라 연겨자의 양은 가감합니다.

오이감정

60분

4인분

재료
돼지갈비 1kg, 오이 2개, 양파(대) 1개, 표고 4~5장, 감자(대) 1개, 대파 2~3뿌리, 청양고추 5~6개, 다진마늘 2큰술, 고추장 3큰술, 된장 1큰술, 국간장 3~5큰술, 고춧가루 2큰술, 물 500g(2~3컵)

만드는 방법

❶ 갈비살의 기름을 제거하고 먹기 좋은 크기로 썰어 20분간 찬물에 담가 핏물을 뺀다.

❷ 손질한 갈비에 물 500g, 된장 1큰술을 넣고 10분정도 끓인다.

❸ 끓는 갈비에 고추장 3큰술을 푼다.

❹ 오이와 감자는 삼각깍둑썰기를 하고, 양파, 표고버섯, 고추는 4등분 정도로 크게 썰어 ③에 넣는다.

❺ 뚜껑을 닫고 10분 가량 끓인 후 다진마늘, 5cm 크기로 썬 대파를 넣고 고춧가루를 뿌려 뒤적인다.

❻ 국간장으로 간을 맞게 한 다음 5분정도 더 끓여 마무리한다.

🏠 요리 한살림식생활센터
📖 요리법 대한민국 식품명인78호 조정숙 님(다농식품대표)

살림이의 귀띔	명인이 추천하는 이 요리법은 국물의 깊은 맛과 텁텁함을 줄이기 위해 간장을 사용했습니다. 가정마다 고추장 맛과 국간장의 염도가 다르기 때문에 간을 조절할 필요가 있습니다.
식재료&요리법 이용 도움	'감정'은 찌개보다 국물이 적고 조림보다 국물이 많도록 바특하게 끓인 고추장찌개를 이릅니다.

매실청

비가열

재료

매실 2.5kg, 유기농설탕 2.5kg

만드는 방법

① 매실은 깨끗이 씻어 건져서 물기를 제거한다.
② 매실의 꼭지부분을 제거한 뒤 동량의 설탕을 준비하여 매실과 버무린다.
③ 면보를 덮어준 다음 고무줄로 고정시킨 뒤 재료명, 날짜, 재료량, 설탕량을 기록한다.
④ 발효액은 직사광선이 들지 않고 통풍이 잘 되는 곳에 둔다.
⑤ 3~4개월 후 매실이 쪼글쪼글해지면 건져 2차 발효와 숙성 단계에 둔다.

🍲 요리법 2019년 한살림장아찌학교 중 이선미 님

살림이의 귀띔

· 처음에는 설탕이 녹을 수 있도록 매일 위아래로 골고루 섞어주고 설탕이 녹은 후에는 가끔씩 저어 재료에 곰팡이가 생기지 않도록 숙성시켜가야 합니다.
· 만약 3~4년 후까지 보관 중인 매실청이 있다면 김치, 고추장, 막장 담글 때 활용하면 좋습니다.

여름

매실장아찌

 채식

재료

매실 2.5kg
〈1차〉 1차 절임액 소금 4큰술, 물 2ℓ / 2차 절임 매실 과육량 1.8kg, 설탕 1.8kg
〈2차〉 시럽용 설탕 3컵, 물 3컵, 유기쌀올리고당 1컵
양념장 매실청 3컵, 시럽물, 소금 1작은술

만드는 방법

〈1차〉
❶ 신선하고 굵은 매실을 준비한다.
❷ 물에 소금을 넣어 잘 섞어서 소금물을 만들어
   매실을 담그고 반나절 정도 둔다.
❸ 소금물을 씻어내고 물기를 제거한 후 6등분으로 칼집을 내어 가른다.
❹ 매실과 설탕의 비율을 1:1로 해 버무린 후, 용기에 담아 냉장 보관한다.

〈2차〉
❺ 3주일 후 체에 걸러 분리한다(매실청).
❻ 매실청은 3컵만 남기고 나머지는 매실발효액으로 사용한다.
❼ 시럽용 재료 중 물 3컵, 설탕 3컵을 넣어 2/3가 되도록 끓이다가
   유기쌀올리고당을 넣은 다음 매실청, 소금을 넣어 잠시 끓인다.
❽ 뜨거운 상태의 ⑦을 용기에 넣은 매실에 부어준다.
❾ 식으면 용기에 넣어 냉장 보관하며 숙성시킨다.

매실고추장장아찌 만들기
❿ ⑧의 매실 과육을 꾸덕꾸덕해질 때까지 말린다.
⓫ 매실액 1컵, 고추장 2컵, 마늘 3큰술, 생강즙 3큰술,
   청주 1/2컵을 넣고 양념장을 끓여 식힌다.
⓬ 식힌 양념장을 말린 매실에 버무려 용기에 담고,
   냉장 보관하며 숙성시킨다.

❀ 요리법 2019 한살림 장아찌학교 중 이선미 님

깍두기

 120분   비가열

재료 무 3kg, 고춧가루 70g, 천일염 10g, 새우젓 100g, 생강 10g, 마늘 60g, 양파 70g, 파 70g, 설탕 20g, 고운고춧가루 10g, 천일염(절이는 용도) 30g

만드는 방법
❶ 무는 깨끗이 씻어 정사각형(2cm 정도)으로 자른 뒤 천일염 30g을 넣고 버무려 2시간 정도 절인다.
❷ 절인 무는 깨끗이 씻어 건져 물기를 뺀다.
❸ 물기를 뺀 무에 고운 고춧가루를 뿌려 버무려서 물이 들도록 한다.
❹ 양파는 즙을 내고, 마늘과 생강은 다진다. 파는 적당한 크기로 썰어 준비한다.
❺ ③에 준비된 고춧가루, 새우젓, 양파즙, 파, 마늘, 생강, 설탕을 넣고 버무린다. 부족한 간은 천일염으로 보충한다.
❻ 용기에 담아 저온 숙성한다.

요리/요리법 2018 한살림김치학교 중 뫼내뜰영농조합법인

가을

고들빼기김치

재료
고들빼기 2kg, 쪽파 두 줌, 당근 1개, 천일염 1컵
양념 멸치젓국 1컵, 갈치액젓 1컵, 고춧가루 2컵, 마늘 150g, 생강 50g, 쌀조청 3큰술, 찹쌀가루 2큰술, 육수 3컵, 청각 50g, 배 1개, 양파 1개

만드는 방법

❶ 고들빼기는 줄기와 뿌리부분을 깨끗이 손질해 씻어 물 10컵, 천일염 1컵을 섞어 만든 소금물에 고들빼기를 넣고 하루 정도 절여준다.
❷ 삭힌 고들빼기는 깨끗이 씻어 물기를 완전히 뺀다.
❸ 육수 1컵에 멸치젓을 끓여 체에 걸러놓는다. 찹쌀풀도 육수에 끓여 식힌다.
❹ 쪽파는 깨끗이 씻어 길이의 절반으로 잘라 뿌리 부분만 갈치액젓에 절인다.
❺ 마늘, 생강, 배, 양파는 갈아놓고 청각은 곱게 다진다.
❻ 밤은 편 썰고 당근은 채 썬다.
❼ ⑤에 고춧가루와 젓갈(쪽파 절인 액젓)을 넣어 양념을 만든다.
❽ 양념젓국에 고들빼기와 쪽파, 당근채, 청각, 밤채를 넣고 양념이 고루 묻도록 버무려 항아리에 꼭꼭 눌러 담는다.

🍲 요리법 2018 한살림김치학교 중 강경자 님

살림이의 귀띔
· 담근 후 일주일쯤 지난 후에 먹어야 제 맛이 납니다.
· 노지에서 재배한 고들빼기는 쓴맛이 강해 5~6일 정도 소금물에 담가두어 쓴맛을 우려내고 삭혀 사용합니다.

식재료&요리법 이용 도움
고들빼기 제철인 가을에 담가 먹으면 좋습니다.

가을

나박김치

 80분   비가열

재료

무 500g, 배추 500g, 오이 2개, 쪽파 20g, 물 20컵, 생강즙 3큰술, 마늘즙 1/2컵, 소금 1컵, 고춧가루 5큰술, 유기쌀올리고당 4큰술, 청·홍고추 3개씩, 배·사과·미나리 적당량

만드는 방법

❶ 무는 사방 2cm, 두께 3mm 정도로 썰고, 배추는 노란잎쪽으로 2cm 길이로 썰어 소금으로 절여 놓는다.

❷ 오이는 속을 제거한 후 2cm 길이로, 쪽파는 1cm 길이로 썬다. 청·홍고추는 송송 썰어 놓는다.

❸ 마늘즙, 생강즙, 소금, 유기쌀올리고당으로 간을 해놓고 고춧가루로 색을 낸다.

❹ 절여놓은 무와 배추에 오이, 쪽파, 청·홍고추와 섞는다.

요리/요리법 2019 한살림김치학교 중 이병시 님

살림이의 귀띔

· 나박김치는 무를 얄팍하고 네모나게 썰어 절인 다음, 고추·파·마늘·미나리 따위를 넣고 국물을 부어 담근 김치입니다.

· 색을 내는 고춧가루는 장용을 써도 되는데, 굵은 고춧가루는 체에 받쳐 쓰고 거즈에 싸서 색을 냅니다.

가을

무채간장장아찌

재료

무 2kg, 청양고추 10개
1차 절임 소금 2큰술, 유기쌀올리고당 1컵
맛국물 물 4컵, 멸치 15g, 다시마 10×10cm 1장, 마늘 30g, 생강 10g, 건고추 3개
양념장 맛국물 2컵, 설탕 2컵, 진간장 1컵, 국간장 1/2컵, 생강즙 3큰술,
식초 1컵, 매실발효액 1컵

만드는 방법

❶ 무는 깨끗이 씻어 4~5cm 길이로 잘라 채를 썰고 청양고추도 씻어 1cm 길이로 썰어준다.
❷ 채 썬 무에 소금을 넣어 골고루 섞어 1시간 정도 뒀다가 유기쌀올리고당 1컵을 넣어 버무려서 다시 1~2시간 둔다.
❸ ②를 체에 걸러 물기를 꼭 짜준 후 채반에 넣어 살짝 말린다.
❹ 마늘과 생강은 편으로 썰고, 맛국물 재료를 분량대로 넣어 중불에서 끓여서 맛국물 2컵을 만든다.
❺ 맛국물, 설탕, 진간장, 국간장을 넣어 끓으면 생강즙, 식초, 매실발효액을 넣어 다시 끓인다.
❻ 그릇에 수분이 빠진 무, 잘라준 청양고추, 홍고추를 넣고 양념장 국물을 식혀서 부어 섞어준다.
❼ 5일 후, 10일 후, 15일 후 다시 양념장물을 끓여 식혀서 무채장아찌에 부어 냉장 보관하여 숙성시킨다.

요리/요리법 2019 한살림장아찌학교 중 이선미 님

섞박지

비가열

재료

무 3개, 배추 1포기, 굴 1컵, 황석어액젓 1/2컵, 멸치액젓 1/2컵, 새우젓 1/2컵, 갓 100g, 미나리 100g, 쪽파 100g, 대파 1대, 양파 1개, 배 2개, 굵은소금 2컵, 고춧가루 2컵, 마늘 150g, 생강 50g, 마른청각 30g, 찹쌀가루 2큰술, 육수 3컵

만드는 방법

❶ 배추는 밑둥으로부터 2/3 정도 길이에서 잎부분은 잘라내고, 배추 밑둥을 칼로 둥글게 돌려가면서 배춧잎을 가닥가닥 떼어낸다. 떼어낸 배춧잎을 길게 반으로 가르고 나서 4cm 정도 길이로 썰어 간한다.

❷ 무는 깨끗이 씻어 4cm 넓이로 토막을 내고, 반 갈라 1cm 두께로 썰어 간한다.

❸ 육수에 찹쌀풀을 쑤고, 청각은 손질하여 물에 불려 깨끗이 씻어 곱게 다진다.

❹ 쪽파와 미나리, 갓은 깨끗이 씻어 물기를 뺀 후 3~4cm 길이로 썬다.

❺ 대파는 얇게 어슷썰기 한다.

❻ 굴은 소금물에 씻어 건져 놓는다.

❼ 마늘, 생강, 양파, 찹쌀풀, 새우젓, 배를 육수와 함께 갈아둔다.

❽ ⑦에 황석어젓과 고춧가루를 넣고 잘 섞어 불리며 숙성시킨다.

❾ ⑧에 손질한 미나리와 쪽파, 갓, 청각을 넣어 잘 섞어 준다.

❿ 절여진 무는 씻지 말고 채반에 밭쳐 물기를 빼주고, 배추는 3~4번 헹군 후 채반에 건져 물기를 뺀다.

⓫ 무에 반 컵 정도의 고춧가루를 넣고 잘 버무려 물을 들인다.

⓬ 만들어둔 ⑧에 물들인 무와 씻어 건진 배추를 넣고 잘 버무린 후 굴을 넣어 고르게 섞어 준다.

⓭ 하루나 이틀 정도 상온에서 숙성시킨 후 냉장고에 보관한다.

요리/요리법 2018 한살림김치학교 중 강경자 님

가을

우엉김치

100분

재료 우엉 1kg, 소금 3큰술, 쪽파 200g, 물 적당량
양념 고춧가루 1컵, 다진마늘 3큰술, 다진생강 1큰술, 멸치액젓 1컵, 통깨 2큰술, 찹쌀풀(물 1컵, 찹쌀가루 2큰술) 1/2컵, 소금 적당량

만드는 방법

❶ 우엉은 껍질을 벗기고 5cm 길이로 썰어 납작하게 썬 후 소금물에 1시간 정도 담근다.
❷ 우엉은 건져 물기를 빼고 찜통에 넣어 살짝 찐다.
❸ 쪽파는 다듬어 4cm 길이로 자른다.
❹ 찹쌀풀에 멸치액젓을 넣어 풀고 고춧가루와 다진마늘과 생강을 섞어 양념을 만든다.
❺ ②의 쪄낸 우엉에 쪽파를 합하고 ④의 양념에 통깨를 넣어 고루 버무린다. 모자라는 간은 소금을 더한다.
❻ ⑤를 단지에 꼭꼭 눌러 담는다.

요리/요리법 2019 한살림 김치학교 중 채송미 님

살림이의 귀띔	우엉김치는 만든 직후 곧바로 먹어도 맛과 향이 좋습니다.
식재료&요리법 이용 도움	우엉껍질에는 영양성분이 많으니 물에 담그지 마시고 칼등으로 겉을 긁어낸 후 살짝 헹구는 정도로 다듬어 줍니다.

오과차

 30분   10인분

재료 모과차 150g, 대추 10개, 밤 10개, 은행 10개, 깐호두 70g, 꿀 50g, 잣 1큰술, 물 2ℓ, 통잣 약간

만드는 방법
❶ 은행은 프라이팬에 볶거나 찜통에 쪄서 속껍질을 벗겨 놓는다.
❷ 밤은 겉 껍질만 벗기고 3~4등분한다.
❸ 호두는 뜨거운 물에 담가 떫은 맛을 제거한다.
❹ 손질한 재료와 나머지 재료를 주전자나 냄비에 넣어 물을 붓고 약한 불에서 푹 달인다.
❺ 체나 면보에 걸러 찻잔에 붓는다.
❻ 꿀은 취향에 맞게 당도를 맞추고 잣을 띄워 먹는다.

🍲 요리/요리법 한살림식생활센터 절기식문화연구분과

살림이의 귀띔 오과차는 예로부터 자양강장, 피로회복, 영양보충에 효과적인 것으로 알려져 있으며 병후의 환자나 임산부의 회복을 위한 차로 적합합니다.

겨울
배추선

30분 | 2~3인분 | GMO-free

재료

배추 100g, 소고기 30g, 표고버섯 3장(30g), 느타리버섯 3개(30g),
미나리 3줄(30g), 대파 1개(혹은 실고추 3뿌리), 실고추 약간
양념장 간장 1작은술, 다진마늘·참기름·설탕 적당량
겨자장 겨자 1큰술, 물 2큰술, 간장 1큰술, 설탕 1작은술, 식초 1큰술, 소금 적당히

만드는 방법

겨자장 만들기
❶ 겨자는 따뜻한 물로 되직하게 갠다.
❷ ①을 따뜻한 곳에 10여 분 두어 발효시킨다.
❸ ②에 물, 소금, 간장, 설탕, 식초를 넣고 잘 풀어둔다.

❶ 배추속대를 손가락 두 마디 길이로 잘라 아삭한 질감을 살려 살짝 데친다.
❷ 소고기는 가늘게 썰어 양념해 둔다.
❸ 표고버섯, 느타리버섯, 석이버섯, 실고추, 파, 미나리는 모두 길이 3~4㎝ 정도로 채 친다.
❹ 모두 섞어 갖은 양념(간장 1작은술, 참기름, 다진마늘, 설탕)을 한다.
❺ 분량의 재료를 섞어 겨자장을 만든다.
❻ 양념한 배추를 살짝 볶아 내고 겨자장과 먹는다.

요리/요리법 2018 한살림·한식문화관 공동기획강좌 중 류귀애 님

식재료&요리법 이용 도움
배추선은 『윤씨음식법』에도 수록되어 있는 전통음식으로, 배추 줄기를 쪄낸 후 기름에 볶아내고 겨자즙이 배추의 줄기와 잎에 충분히 배인 후 먹습니다.

겨울
배추김치

재료

배추 4포기, 굵은소금 6컵, 무 2개, 고춧가루 4컵, 쪽파 100g, 미나리 100g,
갓 100g, 대파 2뿌리, 양파 2개, 생새우 200g, 깐마늘 150g, 깐생강 50g,
굴 1컵, 마른 청각 50g, 새우젓 1컵, 멸치액젓 1/2컵, 갈치액젓 1/2컵, 배 2개,
찹쌀가루 2큰술, 육수 3컵, 건고추 300g, 볶은참깨 약간
육수 국물용 황태대가리, 멸치, 양파, 대파, 마른 표고, 다시마 적당량

만드는 방법

배추 절이기
1. 배추는 겉잎을 떼어내고 뿌리부분에 칼집을 넣어 반으로 가른 다음 뿌리쪽에만 칼집을 넣는다.
2. 물 4ℓ에 소금 2컵을 녹여 소금물을 만들어 배추를 담갔다가 건져 절임대야에 담고, 배추줄기 사이사이에 배추 반 포기당 소금 반 컵씩 부려 8~10시간 정도 절인다.
3. 4~5시간 후 배추의 위아래를 바꾸어 다시 4~5시간 더 절인다.
4. 절인 배추는 흐르는 물에 3~4번 헹군 후 채반에 건져 물기를 뺀다.

김치 담그기
1. 다시마, 표고, 양파, 대파, 황태대가리, 멸치를 넣어 육수를 끓인다.
2. ①에 찹쌀가루를 풀어 찹쌀풀을 쑨다.
3. 청각은 손질하여 물에 불려 깨끗이 씻어 곱게 다진다.
4. 건고추는 씻어 불린 후 육수 한 컵을 넣고 간다.
5. 무는 깨끗이 씻어 2/3는 채를 썰고, 1/3은 큼직하게 썬다.
6. 대파는 얇게 어슷썰기 한다.
7. 쪽파와 미나리, 갓은 깨끗이 씻어 물기를 뺀 후 3~4cm 길이로 썬다.
8. 마늘, 생강, 양파, 생새우, 배는 육수와 함께 간다.
9. ⑧에 다진청각과 찹쌀풀, 고춧가루를 넣고 잘 섞어 불리며 숙성시킨다.
10. 채 썬 무에 고춧가루 1/4을 넣고 버무려 물을 들인다.
11. ⑨에 액젓과 손질한 채소들과 굴을 넣어 버무린 뒤 소금으로 간을 맞추어 김치속을 만든다.
12. 절여서 물기를 빼둔 배추를 모아잡고 바깥쪽 잎부터 들춰가며 골고루 김치속을 넣는다.
13. 겉잎으로 배추를 잘 감싸 단면이 위로 오도록 김치통에 담는다.
14. 하루나 이틀 정도 상온에서 숙성시킨 후 냉장고에 보관한다.

요리/요리법 2018 한살림김치학교 중 강경자 님

고등어자반찜

30분 2인분

재료

자반고등어 1마리, 양파 1/2개, 무 200g, 대파 1뿌리, 마늘 5알, 청양고추 1개, 실고추 약간, 조선간장

만드는 방법

❶ 자반고등어를 쌀뜨물로 씻어 먹기 좋게 토막내 놓는다.
❷ 양파를 채썰어 준비하고, 무를 납작하게 은행잎썰기 한다.
❸ 마늘을 찧어 놓는다.
❹ 대파, 청양고추, 붉은 고추를 어슷 썬다.
❺ 채 썬 양파와 무를 냄비 바닥에 넣고 그 위에 토막 낸 자반고등어를 얹는다.
❻ 준비해 둔 마늘, 대파, 실고추를 자반고등어 위에 놓는다.
❼ 물을 자작하게 붓고 조선간장으로 간을 한 뒤 끓여 완성한다.

요리/요리법 2021 함께하는 식살림 경북북부 중 류귀애 님

살림이의 귀띔

- 자반고등어에 간이 있어 국간장을 너무 많이 넣으면 짜질 수가 있습니다.
- 너무 많이 끓이면 고등어 살이 퍽퍽해 지므로 부르르 한 번 끓고 나면 불을 줄여 조금 더 끓인 후 불을 끕니다.

겨울

빙떡

 40분
 4인분

재료

전병 메밀가루 1컵, 물 1.5컵, 소금 1/2작은술, 참기름 1/2큰술, 현미유
빙떡소 무 500g, 쪽파 1뿌리(5g), 깨 1큰술, 참기름 1큰술, 소금 1작은술

만드는 방법

빙떡소
1. 냄비에 물을 넣고 강불에서 끓이고 무는 곱게 채썰고 파는 송송 썬다.
2. 끓는 물에 채썬 무를 넣어 끓기 시작하면 5분간 더 삶은 후, 송송 썬 파를 섞고 체에 받쳐 물기를 꼭 짠다.
3. 물기를 뺀 무에 소금, 깨, 참기름을 넣어 양념하여 빙떡 소를 완성한다.

메밀전병
4. 메밀가루에 미지근한 물을 조금씩 부어가며 풀어준 후 소금과 참기름을 넣어 섞고, 체에 한번 거른다.
5. 팬을 충분히 달군 후 현미유를 한번 두르고, 약불에서 반죽을 한 국자씩 떠 넣어 얇은 원형으로 펴서 익힌다.
6. 전병이 다 익어 색이 변하면서 가장자리가 들리면 꺼내어 체반에 올려놓고 한김 식힌다.
7. 한 김 식힌 전병을 도마 위에 올려놓은 후, 전병 가운데에 빙떡 소를 넣어 돌돌 말아 양쪽 끝을 꾹 눌러 완성한다.

요리/요리법 2021 함께하는 식살림 제주 중 양미영 님

겨울

북어찜

 30분   4인분

재료 북어포 2마리, 현미유 1큰술
양념장 고춧가루 2큰술, 고추장 1큰술, 맛간장 3큰술, 국간장 1큰술, 다진마늘 1큰술, 올리고당 5큰술, 다시마육수 1컵반, 매실액 2큰술, 다진청양고추 3큰술, 홍고추다짐 1큰술, 참기름 1큰술, 미온 2큰술

만드는 방법

❶ 북어포는 머리, 큰뼈, 가시를 제거하고 물에 살짝 헹궈서 물기를 제거한다.
❷ 북어포 껍질에 칼집을 낸 후 2등분 한다.
❸ 볼에 준비된 양념재료를 넣어 섞는다.
❹ 팬에 현미유 1큰술, 들기름 1큰술을 두른 뒤 북어포는 껍질부터 한 마리씩 구워낸다.
❺ ④를 뒤집어 살부분에 양념을 숟가락으로 끼얹으며 양념이 배도록 10분간 조린다.
❻ 북어포와 양념이 고루 익어 먹기 좋은 상태가 되면 접시 담아낸다.

⭐ 요리/요리법 한살림식생활센터 절기식문화연구분과

겨울

매생이굴떡국

80분 | 4인분

재료 매생이 200g, 굴 200g, 떡국떡 500g, 대파 조금, 다시마 우린 물 2ℓ
양념 국간장 1큰술, 소금 1/3작은술, 참기름 1작은술

만드는 방법

❶ 다시마는 1시간 정도 찬물에 담가 우려놓는다.
❷ 매생이는 고운체에 넣고 2~3회 씻은 뒤 물기를 빼준다.
❸ 굴은 소금을 탄물에 씻어 껍데기 등 이물질을 제거한다.
❹ 냄비에 다시마 우린 물을 넣고 끓으면 떡을 넣고 떡이 익을 때쯤 굴을 넣은 뒤 익어갈 때쯤 국간장과 소금으로 간한다.
❺ ④에 매생이를 넣고 한소끔 끓으면 불을 끈 뒤 참기름과 대파를 넣는다.
❻ 준비된 그릇에 매생이와 떡국이 어우러지도록 담아낸다.

요리/요리법 한살림식생활센터 절기식문화연구분과

식재료&요리법 이용 도움
· 매생이는 오래 끓이면 색이 변하고 맛이 없으니 굴만 살짝 익으면 바로 불을 끕니다.
· 매생이는 김이 나지 않아 뜨거운지 잘 모르니 먹을 때 혀가 데이지 않도록 주의 합니다.

토박이씨앗
살림
밥상

한살림에서는 10년 이상 자가채종으로 생산한 종자를 유전적 형질이 안정화되어 지속적인 생산이 가능하다고 보고 토박이씨앗으로 정의했습니다. 토박이씨앗은 가까운 먹거리를 넘어서 종자권을 지키고 생물종다양성을 지킵니다. 이런 물품을 활용하는 것은 소비자들이 생산자와 함께 토박이씨앗을 지키는 일입니다. 토박이씨앗을 지키는 맛있는 요리법을 소개합니다.

한살림 토박이씨앗살림물품

갓끈동부, 강낭콩, 게걸무, 곰취, 노각오이, 눈개승마, 냉이, 돌나물, 돼지감자, 마, 머위대, 머위잎, 모싯대나물, 비름나물, 붉은밤콩, 산곰취, 삶은죽순, 선비콩, 세발나물, 솔부추, 쑥, 아주까리밤콩, 알토란, 이분도통밀쌀, 재래종상추, 중파, 조선오이, 쥐눈이콩, 찰옥수수, 토종가지, 토종풋고추, 풋울타리콩, 한재미나리, 홍화나물, 흑수박

씨앗의 맛을 찾아요

어찌 보면 서울 촌사람이다. 대학 때 농활을 온 게 인연이 되어 부여 신암리에서 한살림 생산자이자 전국여성농민회총연합 회원으로 딸기농사를 짓고 있는 김지숙 농부를 보며 든 생각이다. 수박, 양상추, 쪽파, 감자 농사도 짓고 있지만 토박이^{토종}씨앗채종포를 운영하고 있는 게 특징이라면 특징이다.

김지숙 농부
토박이씨앗지킴이

토박이씨앗채종포 운영의 시작은 멀리 2009년으로 거슬러 올라간다. 전국여성농민회총연합의 추천으로 부여에서 활동이 시작되었고, 2014년부터는 한살림부여생산자연합회 여성 생산자들도 동참하고 있다. 200-500평까지 매년 상황에 따라 1~2군데 채종포를 운영하고 70여 가지의 씨앗을 받고 있다. 전국적으로 토박이씨앗지키기 운동을 하는 곳은 있으나 부여처럼 채종포를 공동으로 운영하는 곳은 거의 없다고 한다. "채종포에는 한 가지 작물만 키우는 것이 아니라 다양한 작물의 씨를 받으려고 여러 작물을 키우니 관리시기가 달라 항상 손이 많이 가요."

콩 같은 작물은 수확과 동시에 씨앗이 받아지지만 무, 배추는 씨앗을 받으려면 수확할 것은 수확하고 씨앗 받을 거를 남겨 겨울을 나게 한다. 봄에 꽃대가 올라오고 꽃이 피고 져 4~5월에야 씨앗을 받을 수 있다. 이렇게 힘든 여정을 해내고 있다.

> 유기농 농사를 지으면 약도 못 하고 비료도 못 주어 형태가 예쁘지 않아요. 그런데 보통 농산물이랑 같이 비교를 하면 무척 속상해요. 음식을 대할 때 눈으로 먹지 않았으면 좋겠어요

토박이씨앗채종포 운영과 함께 사라져가는 토종씨앗을 기록하는 일도 하고 있다. 오래 전부터 씨앗 받는 일은 여성의 역할이었다고 한다. 그래서 지금도 70대, 80대, 90대 할머니들을 찾아가 보관하고 있는 씨앗의 실태를 기록하고 있다. 연로하신 탓에 씨앗을 받고 보관하는 일을 힘겨워하시는 것을 볼 때면 안타까운 마음이다. 채종포를 운영하면서 교육과 홍보에도 노력을 기울이고 있다. 채종포를 운영하며 받은 씨앗은 농사짓는 분들에게 나눔을 하거나 토종씨앗축제를 통해서 음식으로 맛보이고 텃밭교육을 하는 학교나 직접 텃밭을 하는 분들에게 분양하고 있다.

"나눈 씨앗은 직접 농사지어 다시 씨를 받고 주변에 널리 퍼트리고 알려달라고 부탁해요."

1여성 생산자 1토종 지키기 활동으로 농가에서 한 작물씩 심어 씨앗도 불리고 물품으로도 내고 싶어 매년 노력하고 있으나, 마음처럼 농사가 쉽지는 않다. 김지숙 농부는 몇 년 전 토종작물인 음성 재래고추를 심었는데, 폭우로 인해 수확량이 기대치에 못 미쳐서 소비자들에게 선보이지 못한 경우도 있다. 토박이씨앗 작물은 모양과 수확량이 좋게 개량된 일반 씨앗에 비해 크기가 작고 수확도 적게 나온다. 내가 먹을 것은 농사 질 수 있지만 생계를 유지하기 위해 토박이씨앗 작물을 재배하여 물품으로까지 연결되는 것은 심지 굳은 농민의 의지가 아니면 하기가 힘든 실정이다.

소량으로 어렵게 기르는 토종작물의 의미를 아는

한살림과 같은 생협협동조합 조합원은 토박이씨앗 물품을 찾고 있으나 수확량이 적어 소비자와의 연결도 어려워 농민들의 토박이씨앗 농사 시도가 많지 않은 실정이라고 한다.

"토박이씨앗이 정말 맛있나요?"라는 질문에 그녀는 먹으면 정말 맛있는 것이 대부분이지만 사람들의 입맛이 변해서 지금 입맛에 안 맞는 작물도 있다고 한다. 자꾸 먹다보면 어울리는 요리법도 찾고 다양하게 활용 할 수 있지 않을까 하는 기대감이 있는데 그렇지 못하는 실정이 아쉽기만 하다. 자라나는 미래 세대는 다양한 씨앗의 생산물을 모르고, 획일화 되고 다양성이 없는 생산물만 알게 되는 현실이 될까 걱정이 된다.

독자들에게 마지막 한 말씀을 부탁드렸더니, 이렇게 말씀하신다. "유기농 농사를 지으면 약도 못 하고 비료도 못 주어 형태가 예쁘지 않아요. 못생길 수밖에 없어요. 그런데 보통 농산물이랑 같이 비교를 하면 되게 속상해요. 그렇게 농사 안 짓는데 왜 거기랑 비교를 해요. 토종도 토종의 특성이 있는 건데 그 기준을 개량된 작물이랑 비교하면 안 되잖아요. 토종의 맛을 찾으면 되는 거잖아요. 그리고 음식을 대할 때 눈으로 먹지 않았으면 좋겠어요." 생명이 있는 모든 먹거리는 씨앗으로부터 시작한다. '작물에서 거둔 씨앗을 갈무리해 이듬해 땅에 심는다'는 당연하고 자연스러운 이치를 실천하는 김지숙 농부를 만나 개인적으로 행복한 시간을 보냈다. 그만큼 함께 하는 방법도 고민하고자 한다. 토박이씨앗을 응원하기 위해 토박이씨앗 작물로 건강한 밥상을 함께 차려보도록 해야겠다.

토박이씨앗이란?

토박이씨앗은 대대로 그곳에서 나서 오래도록 살아 내려온다는 뜻의 '토박이'本土박이와 종자의 우리말인 '씨앗'을 더한 말입니다. 한살림에서는 생산자가 종자 자립의 의미로 최소 10년 이상 자가채종으로 생산을 하면서 유전적 형질이 안정화 되어 지속적인 생산이 가능하게 토착화 된 종자를 '토박이씨앗'이라 정의합니다.

토박이씨앗, 이래서 꼭 필요합니다

지속가능한 농업의 대안이 됩니다 / 해당 지역 생태계 보전과 복원에 큰 역할을 합니다
유전적 다양성은 종자 획일화에 따른 재앙을 막아줍니다 / 친환경 농업을 위해 꼭 필요합니다
농민의 농부권 확보를 위해 필수적입니다 / 종자은행이 아닌 실제 농업 현장에서 살려야 합니다

토박이씨앗 물품을 구매할 수 있는 곳

한살림장보기 shop.hansalim.or.kr / 한살림우리씨앗농장 urissiatfarm.modoo.at
언니네텃밭 www.sistersgarden.org / 지역 농부시장 및 로컬푸드매장 / 생산자와의 직거래

봄

머위두부밥

 40분   4인분

재료 칠분도미 300g, 머위잎 200g, 두부 270g, 들기름 2큰술, 녹말가루 1/2컵, 간장 2큰술, 소금 약간

양념장 솔부추 100g, 고춧가루 1큰술, 간장 2큰술, 깨소금 1큰술

만드는 방법

❶ 쌀은 씻어 불린다.
❷ 머위잎은 다듬어 6㎝ 크기로 썬다.
❸ 두부는 1㎝ 크기로 잘라 녹말을 입혀 들기름 두른 팬에 넣고 바삭하게 굽는다.
❹ ③에 간장을 넣고 볶다가 ②를 넣어 살짝 볶는다.
❺ 냄비에 불린 쌀과 동량의 물을 넣고 ④를 올려 밥을 짓는다.

요리/요리법 2020 면역력 키우는 제철밥상 중 류귀애 님

식재료&요리법 이용 도움 GMO로부터 안전한 콩으로 만든 두부를 사용해 만들었습니다.

봄

쑥조갯국

 20분　 4인분

재료　쑥 200g, 생바지락 200g, 생콩가루 1/2컵, 대파 1뿌리, 된장 3큰술, 물 6~8컵, 간장(소금)

만드는 방법
❶ 쑥은 깨끗이 씻고 파는 어슷 썬다.
❷ 냄비에 물 6~8컵을 담고 된장을 풀어 끓인다.
❸ ①의 쑥에 생콩가루를 묻혀 ②에 넣고 뚜껑을 닫은 다음 불을 끄고 잠시 둔다.
❹ ③에 다시 불을 켜고 한소끔 끓인 뒤 대파와 생바지락을 넣고 한소끔 더 끓인다.
❺ 부족한 간은 간장 또는 소금으로 한다.

요리/요리법 2020 면역력 키우는 제철밥상 중 류귀애 님

죽순밥

 60분　 4인분　 GMO-free

재료　쌀 2컵, 물 2컵, 죽순 100g, 들기름 1큰술, 소고기(잡채용) 100g, 미온 1큰술, 국간장 1작은술

부추간장　간장 1큰술, 물 1큰술, 부추 20g, 고춧가루 1작은술, 참기름 1큰술, 깨소금 1큰술

만드는 방법

❶ 쌀을 씻어 체에 건져 30분간 불린다.

❷ 죽순의 껍질을 까서 쌀뜨물에 30분간 삶아 찬물에 3~4번 이상 우린다.

　※ 한살림 삶은죽순을 이용한다면 이 과정을 생략하고 해동시켜 씻어낸다.

❸ 죽순을 얇게 빗살무늬로 썬다.

❹ 압력솥에 쌀과 밥물을 넣고 죽순을 올리고 들기름을 넣는다.

❺ 소고기에 미온과 간장을 넣고 조물조물 무쳐 쌀 위에 펼쳐서 넣는다.

❻ 밥솥의 불을 켜고 센 불로 시작해 밥을 짓고 부추간장을 만든다.

❼ 뜸이 든 밥은 재빨리 뚜껑을 열고 빠르게 고루 섞어 부추간장과 함께 차려낸다.

요리/요리법　2018 한살림·한식문화관 공동기획강좌 고은정 님

살림이의 귀띔　한살림에서 공급하는 죽순은 거제 지역에서 자란 맹종죽입니다. 국내 죽순은 왕대, 솜대, 맹종죽, 크게 3가지로 나뉘는데, 그 중 대부분이 왕대, 솜대이고 맹종죽은 전체의 11% 정도로 다소 드뭅니다. 맹종죽은 다른 대나무에 비해 잎이 작고 추위에 약해 남해에 분포하는데, 부드럽고 맛이 좋아 으뜸으로 여깁니다. 한살림 삶은 죽순은 생산지에서 직접 재배한 죽순을 삶아 급랭하여 공급합니다.

식재료&요리법 이용 도움　GMO로부터 안전한 한살림 콩으로 만든 간장을 사용해 만들었습니다.

봄

홍화나물육전

30분

4인분

재료
소고기(불고기용 또는 얇은등심) 300g, 홍화나물 100g, 앉은뱅이밀가루 1/2컵, 유정란 4개, 대파 1뿌리, 소금, 참기름 약간

초간장 간장 2큰술, 식초 1큰술, 간마늘

만드는 방법
❶ 소고기는 언 상태에서 한 장씩 떼어 마늘, 소금, 참기름 뿌려 밑간한다.
❷ 홍화나물과 대파는 잘게 썬다.
❸ 볼에 달걀을 풀고 ②와 소금을 넣는다.
❹ ①에 밀가루를 묻히고 ③을 입혀 기름 두른 팬에 중불로 굽는다.

🍲 요리/요리법 2020 면역력 키우는 제철밥상 중 류귀애 님

봄

죽순버섯볶음

 20분　 2인분　 채식

재료　삶은죽순 250g, 표고버섯 3개, 팽이버섯 1/2봉, 당근 1/4개, 양파 1/4개, 마늘 2알, 대파 1/2개(흰 부분만 이용), 현미유 4큰술
양념　맛간장 2큰술, 쌀조청 1큰술, 미온 1큰술, 볶은참깨 약간, 후추 약간

만드는 방법
❶ 죽순은 상온에서 해동한 뒤 얇게 썬다.
❷ 분량의 양념 재료를 모두 잘 섞는다.
❸ 표고버섯, 팽이버섯, 당근, 양파, 대파는 먹기 좋은 크기로 썬다.
❹ 마늘을 저며 현미유를 두른 팬에서 볶다가 손질해 둔 채소를 넣고 함께 볶는다.
　※ 대파, 죽순, 표고버섯, 팽이버섯, 당근, 양파의 순서로 볶아야 향과 식감을 살릴 수 있다.
❺ 채소가 노릇하게 볶아지면 ②의 양념을 끼얹고 강불에서 1분간 더 볶는다.

요리/요리법　한살림장보기 경봉스님

눈개승마육개장

50분

4인분

재료

소고기 국거리 200g, 눈개승마 200g, 삶은 고사리 100g, 숙주나물 100g, 느타리버섯 100g, 대파 2뿌리, 양파 1개, 물 6~7컵, 참기름 2큰술, 국간장 2큰술, 고춧가루 2큰술, 다진마늘 1큰술, 소금, 후추

만드는 방법

❶ 소고기는 먹기좋은 크기로 가늘게 썬다.
❷ 눈개승마, 숙주, 느타리버섯은 끓는 물에 데쳐 물기를 제거하여 5~6cm 크기로 준비한다.
❸ 삶은 고사리는 5~6cm 크기로 썰고, 대파는 어슷썰고 양파는 채 썬다.
❹ 볼에 ②, ③을 넣고 국간장, 고춧가루, 다진마늘, 참기름을 섞어 무쳐놓는다.
❺ 예열한 냄비에 참기름을 조금 두르고 ①의 소고기를 볶다가 ④의 나물들을 넣고 볶는다.
❻ ⑤에 물을 붓고 끓인다.
❼ 끓으면 부족한 간은 소금으로 맞추고 취향에 따라 고춧가루를 더 넣거나 후추를 넣어 완성한다.

🍲 요리/요리법 한살림식생활센터 토박이씨앗살림연구분과 채송미 님

살림이의 귀띔

제철 눈개승마를 이용해서 먹을 수 있는 방법이며, 말려서 보관했다가 묵나물로 이용하기도 합니다.

봄

머위대볶음

 30분　 4인분　 채식

재료　머위대 400g(1봉), 양파 1/4개, 쪽파 1개, 풋고추 1개, 마늘 3알, 굵은소금 1큰술, 맛간장 4큰술, 현미유 2큰술, 생들기름 1큰술, 볶은참깨 약간

만드는 방법

❶ 끓는 물에 굵은소금을 풀고 머위대를 넣어 5~7분간 삶은 뒤 찬물에 헹궈 껍질을 벗긴다.
❷ 삶은 머위대는 적당한 두께로 가른 뒤, 5㎝ 크기로 자른다.
❸ 양파, 마늘은 채썰고 쪽파, 풋고추는 종종 썬다.
❹ 분량의 양념을 모두 섞어 머위대와 마늘, 양파, 쪽파, 풋고추에 버무린다.
❺ 달군 팬에 ④를 넣고 5분간 볶은 후 약불로 줄이고 뚜껑을 덮어 5분간 뜸을 들인다.
　※ 뜸을 들이면 머위대가 더 부드러워진다.
❻ 불을 끄고, 위에 볶은참깨를 뿌린다.

요리/요리법　한살림장보기 경봉스님

봄

쑥베지볼스프

 40분   2인분

재료 쑥 40g, 두부 1/2모, 크림스파게티소스 1봉(180g), 볶은소금 1/2작은술, 양송이버섯 2~3개, 브로컬리 1/4개, 감자전분 한 그릇

만드는 방법
❶ 쑥은 손질해서 끓는 물에 데친 뒤 물기를 꼭 짜고 잘게 다진다.
❷ 두부를 으깬 뒤 다진쑥과 소금을 넣고 함께 반죽해 동그랗게 빚는다.
❸ 쟁반에 감자전분을 펼쳐 ②를 굴려가며 표면에 전분을 고루 묻힌다.
❹ 끓는 물에 ③을 넣고 저절로 떠오를 때까지 데친다.
❺ 양송이버섯과 브로컬리는 작은 크기로 썬 뒤 냄비에 넣고, 소량의 물을 부어 함께 끓인다.
❻ ⑤의 냄비에 크림스파게티소스를 붓고 자작해질 정도로 졸여 스프를 만든다.
❼ ④의 데친 쑥베지볼을 접시에 담고 ⑥의 스프를 붓는다.

요리/요리법 한살림장보기 경봉스님

여름

앉은키밀컵케이크

 60분　 4인분

재료　유정란 3개, 앉은키밀가루 140g, 설탕 80g, 유기쌀올리고당 50g, 우유 50㎖

만드는 방법
❶ 유정란의 흰자와 노른자는 분리한 후 흰자를 풀고 거품을 내서 설탕을 두 번에 나눠 섞는다.
❷ ①이 단단해지면 노른자와 유기쌀올리고당을 나누어 넣고 섞는다.
❸ 밀가루를 체에 내린 후 ②에 넣어 섞는다.
❹ ③에 우유를 넣고 섞는다.
❺ 전기밥솥에 현미유를 살짝 바른 후 ④를 넣고 찜기능으로 45분 굽는다.

요리/요리법　2020 면역력 키우는 제철밥상 중 한살림식생활센터 박혜영 님

살림이의 귀띔　제과제빵할 때는 흰밀가루와 앉은키밀가루를 7:3 비율로 섞어서 사용하면 좋습니다.

식재료&요리법 이용 도움　한살림 앉은키밀가루는 토박이씨앗살림물품으로 이용하는 것만으로 토박이씨앗살림에 함께 할 수 있습니다. 한살림 앉은키밀가루는 겉껍질과 배아를 제거하고 제분해 통밀가루보다 식감이 부드럽습니다.
※ 앉은뱅이밀이 앉은키밀로 용어가 순화되었습니다.

노각장아찌 무침

 채식　 비가열

재료

장아찌 노각 6개, 설탕 3컵, 천일염 3컵, 조청(올리고당) 4컵
무침 노각장아찌, 고춧가루, 다진마늘, 참기름, 깨소금

만드는 방법

장아찌
❶ 노각은 반으로 가르고, 속을 깨끗이 제거해준다.
❷ 설탕, 소금을 섞어주고 노각 속을 설탕과 소금으로 채워준다.
❸ 통에 담고 누름돌로 꼭 눌러둔다.
❹ 일주일 후 노각을 건져서 다른 통에 담고 조청(올리고당)을 충분히 부어서 보관합니다.

무침
❶ 노각장아찌를 건져서 물기를 짜고 송송 썰어 준비한다.
❷ 고춧가루, 다진마늘, 깨소금, 참기름을 넣고 조물조물 무쳐낸다.

★ 요리/요리법 한살림식생활센터 토박이씨앗연구분과 채송미 님

살림이의 귀띔 노각은 껍질을 벗겨 소금에 절여 물기를 꼭 짜고 양념으로 무친 생채로 주로 이용합니다.

찰옥수수전

 20분　 2인분　 채식

재료　찰옥수수 3개, 느타리버섯 30g, 양파 1/2개, 청양고추 약간, 홍고추 약간, 볶은소금 약간, 현미유 4큰술

만드는 방법
❶ 찰옥수수는 통째로 들고 알갱이만 강판에 간다.
　※ 강판에 갈면 알갱이를 떼어내 믹서기로 가는 것보다 씹히는 맛이 좋다.
❷ 느타리버섯과 양파는 잘게 다진다.
❸ 다진버섯과 양파를 갈아 둔 옥수수와 섞고 소금으로 간한 뒤 5분간 재운다.
❹ ③의 반죽을 한입 크기로 떼어 현미유를 두른 팬에 올리고 그 위에 청양고추와 홍고추를 올린 뒤, 반죽을 뒤집어가며 약불에서 부친다.

요리/요리법　한살림장보기 경봉스님

게걸무김치

채식 　 비가열

재료 게걸무잎 2단, 쪽파 10대, 양파 1개, 풋고추 3개, 홍고추 10개, 굵은 소금 1컵, 찹쌀풀(찹쌀가루 4큰술, 물 2컵)

양념 고춧가루 1컵 반, 마늘 2큰술, 생강 1/3큰술, 까나리 또는 멸치액젓 6큰술, 매실청 4큰술

만드는 방법
❶ 게걸무잎은 살짝 절인 후 물기를 뺀다.
❷ 분량의 양념을 섞는다.
❸ ①을 ②의 양념에 버무려 준다.

요리/요리법 2018 한살림김치학교 중 이병시 님

살림이의 귀띔 홍고추와 고춧가루는 적당히 조절해 담급니다.

식재료&요리법 이용 도움 토박이씨앗물품인 게걸무는 무가 크지 않아 잎도 열무잎과 비슷한데 10월 중순이 넘어 잎이 무성하면 잎을 솎아냅니다. 열무와 같은 방식으로 담그시면 됩니다. 한살림경기동부 등 일부 지역에서 지역물품으로 공급되고 있습니다.

가을

토박이콩스프

 40분　 4인분　 채식

재료　토박이콩(선비콩 25g, 밤콩 25g, 아주까리콩 25g, 쥐눈이콩 25g), 감자 2개, 양파 2개, 당근 1/2개, 샐러리 50g, 소금·후추 약간

만드는 방법
❶ 마른 콩은 하루 전에 물에 불려 물 5컵을 넣고 삶는다.
❷ 감자, 양파, 당근, 샐러리는 잘게 썬다.
❸ 기름 두른 팬에 양파–감자–당근–샐러리 순으로 소금 간하여 볶는다.
❹ ③에 물 2컵을 넣고 삶은 뒤 믹서에 간다.
❺ ①도 믹서에 곱게 간다.
❻ 냄비에 ①, ④를 넣고 소금, 후추로 간한다.

✿ 요리/요리법 2020 면역력 키우는 제철밥상 중 류귀애 님

살림이의 귀띔	콩은 선비콩 50g, 밤콩 50g 2종류 정도만 선택해도 좋습니다.
식재료&요리법 이용 도움	콩 종류는 대개 11월에 수확하며, 농가에서 선별을 하여 12월 말까지 출하하는 관계로 햇콩은 다소 늦게 겨울에 이용할 수 있습니다.

가을

알토란들깨탕

30분 | 2~3인분

재료

알토란 300g, 무 1/4개, 애호박 1/4개, 말린표고버섯 4~5개, 다시마 1조각, 들깨가루 10큰술, 찹쌀가루 1큰술, 어간장 1큰술, 쌀뜨물 3컵

만드는 방법

❶ 껍질을 벗긴 토란을 쌀뜨물에 5분 정도 데친 뒤 먹기 좋은 크기로 깍둑 썬다.
❷ 말린표고버섯은 반나절 정도 물에 불린 뒤 납작하게 썬다.
  무, 애호박도 납작하게 썬다.
❸ 현미유를 두른 팬에 채소를 볶다가 재료가 노릇하게 익으면 어간장을 넣고 더 볶는다.
❹ ③의 채소에 간이 배면 ①의 토란을 넣고 함께 볶다가 재료가 잠길 정도의 물을 붓고, 다시마를 넣어 끓인다.
❺ 분량의 들깨가루와 찹쌀가루를 ④에 넣고 걸쭉해질 때까지 끓인다.

🍲 요리/요리법 한살림장보기 경봉스님

식재료&요리법 이용 도움

· 쌀뜨물에 데치면 토란의 아린 맛을 제거할 수 있습니다. 토란의 껍질은 쌀뜨물에 데친 후 벗겨도 상관 없습니다.
· 먼저 간을 하고 볶으면 채소가 질겨질 수 있으니 간은 채소를 충분히 볶은 뒤에 간을 하는 것이 좋습니다.

갓끈동부볶음

20분 | 4인분

재료 갓끈동부 200g, 얇은삼겹살 100g, 마늘 10알, 간장 1~2큰술, 소금, 후춧가루 약간

만드는 방법
① 갓끈동부는 씻어서 5cm 크기로 썰어 준비한다.
② 얇은 삼겹살은 적당한 크기로 썰어 준비하고, 마늘은 편으로 썬다.
③ 달군 프라이팬에 얇은 삼겹살을 구워낸 후 꺼낸다.
④ 삼겹살 기름에 갓끈동부를 넣어 볶고 편으로 썬 마늘도 넣어 볶는다. 중간에 간장으로 간한다.
⑤ 구워놓은 얇은 삼겹살을 볶고 있는 ④에 넣고 소금과 후춧가루로 부족한 간을 더한 후 마무리한다.

요리/요리법 한살림식생활센터 토박이씨앗살림연구분과

살림이의 귀띔 갓끈동부는 볶음 외에도 데쳐서 샐러드에 섞어 넣거나, 찌개, 카레요리, 고기말이, 피클, 장아찌 등 다양한 요리에 이용 가능합니다.

식재료&요리법 이용 도움 동부콩의 일종으로 코투리의 형태가 갓끈과 같이 길다하여 생긴 이름으로 긴 코투리채로 채소로 먹을 수 있습니다.

가지말림볶음

90분 | 4인분

재료 토종가지말림 50g, 건고추 1개, 대파 1/3대, 육수 1컵, 들깨가루 2큰술, 참기름 1작은술
양념 현미유 1큰술, 들기름 1큰술, 어간장 1큰술, 마늘 1큰술, 다진파 1큰술, 설탕 1/2큰술

만드는 방법
❶ 가지는 2~3번 물에 씻어 1시간 정도 불린다.
❷ ①의 가지를 2~3번 찬물에 헹군 뒤 물기를 꼭 짠다.
❸ 양념에 조물조물 무친 후 팬에 볶는다.
❹ ③에 육수 1컵을 넣고 뚜껑을 닫고 10분 정도 익힌다.
❺ 대파, 건고추를 넣고 볶은 후 들깨가루, 참기름으로 마무리한다.

요리/요리법 한살림식생활센터

살림이의 귀띔 토종가지는 일반가지에 비해 말렸을 때 보라색이 진하고, 물 빠짐이 적어 가지 특유의 색을 유지합니다.

겨울

토박이콩청국장파스타

 40분   4인분

재료

토종청국장 150g, 현미국수 300g, 우유 600㎖, 크림스프 80g,
얇은 삼겹살 150g, 양파 1개, 양송이버섯 140g, 소금 1작은술, 체다치즈 20g,
현미유, 후추 약간

만드는 방법

❶ 양파는 잘게 다지고, 양송이버섯은 편썰기 한다.
❷ 얇은 삼겹살은 노릇하게 구워 기름기 제거 하여 1.5cm 길이로 썬다.
❸ 우유와 크림스프는 섞어서 몽우리를 풀어 놓는다.
❹ 팬에 현미유를 두르고 ①을 넣어 볶다가 ③을 넣어 어우러지게 한 다음 토종청국장과 ②를 넣어 파스타소스를 만든다.
❺ 현미국수는 끓는 물에 삶아 찬물에 헹궈 건져둔다. 파스타 육수로 사용할 국수 삶은 물 1컵은 따로 준비해 둔다.
❻ ④의 파스타소스에 삶아진 현미국수를 넣어 볶는다. 이때 남겨놓은 면수를 넣어 농도를 조절한다.
❼ 소금과 후춧가루를 넣어 간을 맞추고 치즈를 올려 완성한다.

요리/요리법 한살림식생활센터 전통장연구분과

살림이의 귀띔 아주까리밤콩, 베틀콩, 쥐눈이콩, 호랑이콩으로 청국장을 만들었으며 토종콩별로 식감과 맛의 차이가 있습니다.

부록

가을이가 기록한 엄마 애조씨의 생산자 요리법
한살림 메주로 장담그기
자연의 재료로 만든 한살림양념
한살림 조리도구 및 주방용품
한살림식생활센터가 하는 일

가을이가 기록한
엄마 애조씨의 생산자 요리법

부안 산들바다공동체 장연자^{애조} 생산자가 요리하고 딸 임서연^{가을}이 그림을 그렸습니다. 장연자 님은 남편 임홍순 님과 함께 '삶을 놀이처럼, 일상을 잔치처럼' 살고 싶어 10여 년 전 부안으로 귀농했습니다.

지금은 시금치, 벼, 배추, 미니단호박, 양파, 무 등의 여러 작물을 작은 규모로 농사짓습니다. 산들바다공동체에서 차로 덖는 우엉과 작두콩 농사도 있어 늘 분주합니다. 그래도 짬을 내서 뚝딱뚝딱 바느질도 하고, 물때가 되면 바다에 가서 굴도 따고 조개도 잡습니다.

임서연 님은 올해 풀무고등학교 3학년이 되었습니다. 장구도 치고, 기타치며 노래도 제법 잘 부르는 재주꾼입니다. 학기 중에는 주로 학교생활관에서 지내게 되는데, 집을 떠날 때면 여기저기에 엄마와 아빠를 응원하는 글과 그림을 남겨 놓곤 합니다. 때에 맞춰 키우고, 자연에서 얻어온 것들로 정갈하게 차려낸 가을이네 밥상에 같이 둘러앉아 밥을 먹고, 가족이 함께 부르는 노래를 듣노라면 삶이 저절로 잔치가 됩니다.

애조와 가을

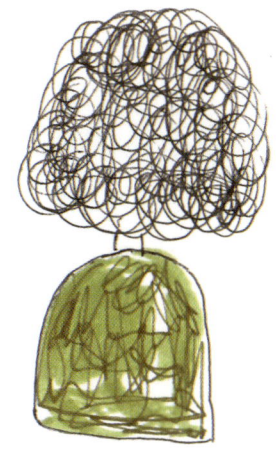

뭐든지 뚝딱 만드는 손 빠른 엄마, 애조와
그 옆에서 기타 치고 노래 부르며 수다떠는 딸, 가을

우리 집의 밥상은 달력 없이도 사계절을 알
수 있다. 고소한 봄동배추 겉절이가 봄을 알리고,
시원한 비빔국수가 여름을, 참기 넘치는 뽀얀
햅쌀이 가을을, 눈을 뭉고 자란 달달한 시금치를
먹으며 겨울을 느낀다.

— 1월 2일 물날 가을 —

봄

냉이 달걀말이

엄마가 간조 앞에 앉아 냉이를
다듬는 걸 보고 생각한다.
'한동안 냉이만 나오겠다..'
냉이 된장국, 냉이 샤브샤브가
있겠지만 우리집 닭이 갓 낳은
알로 하는 달걀말이가 제일 맛있다.

냉이가 가득한
경아의 소쿠리

- 1월 25일 물날 가을 -

< 냉이 달걀말이 >

재료)  냉이 5개 ○ 달걀 5알  양파 1개  당근 $\frac{1}{2}$개   올리브 조금 소금 조금

만들어 봅시다

① 모든 재료를 씻고 손질해둔다.

②  달걀을 모두 넣고 소금과 함께 풀어준다.

③  냉이·양파·당근을 모두 잘게 다져준다.

④  달걀을 풀어준 볼에 냉이·양파·당근을 넣고 섞어준다.

⑤  불을 약불로 하고 달궈지면 올리브유를 뿌린다.

⑥  모든 재료를 넣은 볼을 양을 잘 생각해 부어준다. 그리고 잘 말아준다.

⑦ 냉이달걀말이 완성

봄

봄동 겉절이

엄마는 토종배추를 더 좋아하시만 고소한
봄동도 참 맛나다. 꽃처럼 예쁘게 피어난 봄동.
추운 겨울 이겨내고 늘 너그러운 봄동은
고추가루를 만나면 빛을 본다
　　　　　　　　　　　　－ 가을 －

〈봄동 겉절이〉

재료: 봄동  쪽파  다진마늘  멸치액젓 고춧가루 사과즙 설탕

만들어 봅시다

〈양념〉 멸치액젓 + 다진마늘 + 고춧가루 + 설탕 + 사과즙 을 넣고 섞어준다.

① 쪽파를 적당히 잘라준다

② 봄동을 밑둥을 자르고 잎을 세로로 자른 뒤 깨끗이 씻어 물기를 빼준다.

③ 봄동에 양념과 쪽파를 넣고 버무리면 완성!

여름

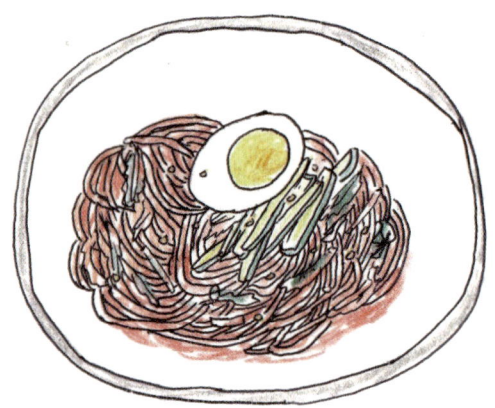

비빔국수

우더운 여름날, 시원한 강아표
비빔국수를 먹으며 더위를 날린다. 올해 소숙장은
없다는 강아 말에도 허겁지겁 먹다 벌컥 벌컥
물을 삼킨다. 내가 가장 좋아하는 강아요리
중 하나인 비빔국수! 국수가 먹고 싶어 여름이 그립다
　　　　　　　　　　　　　－가을－

< 비빔국수 >

재료: 잘 익은 열무김치와 국물, 식초, 고추장, 참기름, 조청, 통깨, 다진마늘, 파 채썬, 오이, 삶은달걀

만들어 봅시다

① <양념> 김치국물+식초+고추장 +조청+참기름+다진마늘+파를 넣고 버무린다.

② 소면을 끓는물에 삶은 뒤 찬물로 헹군다.

③ 양념+열무김치+고명을 버무리고 오이→삶은 달걀을 채썰 올려주면 완성!

가을

올해 우리 집 우엉농사는 대박이었다.
차 용으로 우엉이 나가지만 엄마는 이 우엉으
로 조림을 했다. 달짝지근하니 고소한
맹 김에 싸먹으면 그렇게 맛있다고 엄아
는 말한다. (엄아는 맹김도 좋아한다.).

- 가을 -

< 우엉조림 >

(재료) 차용 우엉 3개  올리고 조금   흑마늘 조금 진간장 조금   한살림 조청 ~~조금~~ 듬뿍

만들어봅시다

① 손질해둔 우엉을 얇게 채로 썬다.

②  숯불로 채썬 우엉과 진간장 조금, 흑마늘을 빠르게 섞는다.

③  볶아주다가 물이 생기면 조청을 듬뿍 넣고 볶아준다.

④  우엉조림 완성! (우리가 흔히보던 그런빛깔으로 최대다.)

※ 우엉조림 활용.
· 김밥에 넣어 먹기.
· 맥김과 함께 먹기.
어울리는 요리가 있다면 우리 집에게도 알려주면 좋겠다.

가을

잔치국수

엄마의 꿈은 조그만 국수집을 하는 거다.
김치를 싸올려 국수를 후루룩 먹으면 정말
맛있다. 아빠는 엄아 국수를 먹으며
국수집 해도 되겠다고 말한다.

- 가을 -

< 잔치국수 >

(재료) 육수   소금 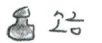 소면   들기름   표고버섯  다시마  파

└ 육수에서 건져냄

(만들어봅시다)

①
표고와 다시마 곱게 채썰고
파는 송송썬다.

②
표고와 다시마 파를 넣고
들기름을 살짝 뿌려 볶아준다.

③
준비된 육수에 소금을 넣고
간을 한다.

④
소면을 삶아 찬물에
헹궈 채에 받친다.

⑤
소면 → 육수 → 소면
순으로 소금에 담으면 완성!

엄마와 육수

엄마의 요리에는 육수가 안들어 가는 곳이 없다.
냉장고를 열어 보면 이 스텐 속 통 안에 항상
육수가 가득하다. 어릴땐 모리차인 줄 알고 오빠줄
몇번 먹인 적도 있다. 냉장고 안에는 엄마의 손이
안 묻은 게 없다. 그 중 이 육수가 제일일 것이다.
정말 고마운 존재다!

— 가을 —

< 육수 >

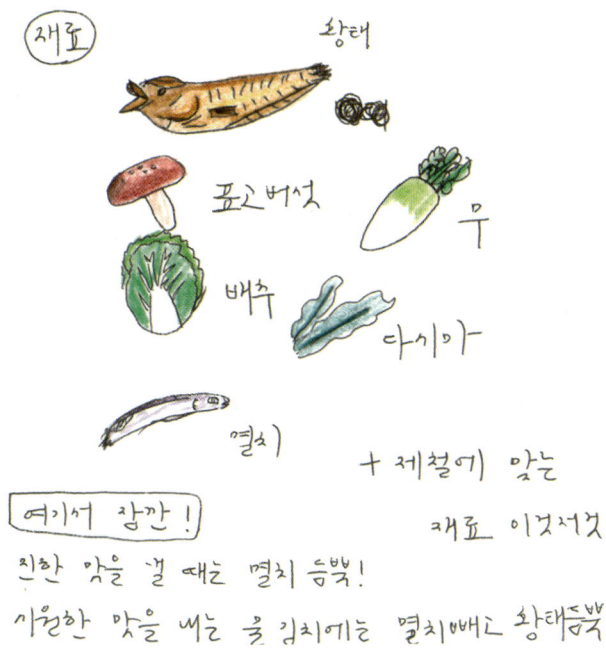

재료: 황태, 표고버섯, 무, 배추, 다시마, 멸치

+ 제철에 맞는 재료 이것저것

여기서 잠깐!
진한 맛을 낼 때는 멸치 듬뿍!
시원한 맛을 내는 물김치에는 멸치빼고 황태듬뿍

▲ 끓고 있는 육수

겨울

시금치 홍맛볶음

우리집은 겨울 내내 시금치 일을 한다. 이번 김치는 잘 자라지 않아 영아 아빠의 속을 태운다.

시금치로 정말 다양한 음식들이 식탁 위로 올라온다. 물때 좋은 날에 갯살림을 다녀온 영아 아빠의 양 손 가득 홍맛조개가 들려있다. 달달한 김치와 살캉한 홍맛조개를 볶아 먹으면 시금치 나물과는 또 다른 맛을 느낄 수 있다. 겨울 마지막 요리!

— 가을 —

<시금치 웅맛 볶음>

(재료) 시금치  웅맛조개  올리유  맛간장 조청 참기름
양파

만들어봅시다

①
모든 재료를 손질해놓다.

②
올리유를 두른 다음 시금치를 넣고 숨이 죽으면 웅맛 조개와 양파를 넣는다.

③
맛간장과 조청을 넣고 볶아놓다♪♪♪

④
웅맛 조개가 익으면 참기름을 넣고 스슥에 담아주면 완성!!

※ 꼭 웅맛 조개가 아니어도 행이나 고기를 대신 넣어도 맛있다.

겨울

무 어리굴젓

추운 겨울이 되면 엄마, 아빠는 날짜를 확인하고는 긴 아빠 바다로 향한다. 양 손 가득 굴, 홍합, 맛조개가 들려있다. 하루 온종일 앉아 굴을 까면 어느새 식탁 위에는 굴로 가득하다. 나는 아직 굴 맛을 모른다.
※ 어리굴젓은 충청도 음식이다.

— 엄마의 작업현장
  (조개와 나무)

— 가을 —

< 무 어리굴젓 >

재료 조그만 무 1개  조그만 굴 300g 소금 고춧가루 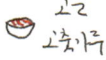 다진마늘 0.5스플 천일염 1.5스플

만들어봅시다

① 준비된 굴을 깨끗이 씻어준다.

②
천일염 1스플을 넣고 살 버린다.

③ 실온에 이틀정도 놓아둔다.

④
준비된 무를 이쑤시개 두께로 잘게 채썬다.

⑤
채 썬 무에 천일염 0.5 스플을 넣고 10분 정도 기다린다.

⑥ +  +
삭힌굴 과 채썬무와 소금 고춧가루 5스플과 다진마늘 0.5스플 모두 넣어 버무린다.

⑦
실온에 약 이틀정도 두었다 먹으면 완성!

한살림 메주로
장담그기

한국 음식의 맛은 장맛이 좌우한다는 말처럼 전통 발효장은 우리음식 정체성 한가운데 있습니다.

2019년 1월 9일 문화재청은 콩을 삶아 메주를 만들고 발효시켜 소금물에 담가 '장 담그기'하는 과정을 국가무형문화재 제137호로 지정했으며, 2024년 12월에는 유네스코 지정 세계무형문화유산으로 등재 되었습니다. 우리 음식의 기본인 전통장을 해마다 담글 수 있는 가정이 늘어나면 좋겠습니다.

메주 1말로 장 담그기

준비물
메주 1말, 천일염 5~6kg, 물 20ℓ, 참숯, 대추 4~5알, 마른 고추 3~5개,
염도계(달걀 1개), 32~36ℓ 항아리, 항아리유리뚜껑, 소금물 만들 용기

※ 메주는 한살림 유기농 건고추와 숯을 함께 넣어 공급

1. 메주는 흐르는 물에 솔로 씻어 햇볕에 말린다.

2. 항아리는 뜨거운 물이나 연기로 소독하면서 금이 가서 새는 곳은 없는지 확인한다.

3. 물 20ℓ에 굵은 소금을 풀어 달걀이 500원 동전 크기 만큼 떠오르게 염도를 맞춘다.*

4. 깨끗이 말린 메주를 항아리에 넣는다.

5. 준비된 항아리에 면보로 거른 소금물을 붓고 뜨겁게 달군 숯, 마른 고추, 대추 등을 넣는다.

6. 1주일 정도는 항아리 뚜껑을 덮어둔 후 유리뚜껑으로 바꾼다.

* 500원 동전 크기는 대략 17~19보오메 염도로 생각하면 된다. 물이 짤수록 물 위로 뜨는 달걀의 크기가 커진다.
* 수돗물이나 소금물에 부유물이 있으면 하룻밤 두고 불순물을 가라앉힌다.

✓ 장을 담근 후 40~70일 정도 바람이 잘 통하고 햇볕을 잘 받도록 관리합니다.
✓ 메주에 소금물이 잘 스며들도록 일주일가량 항아리 뚜껑으로 덮어주고 그 이후로는 햇빛이 잘 들도록 유리뚜껑으로 바꿔줍니다.

메주 1말로 장 가르기

준비물
장 가를 항아리 25ℓ, 메주 치댈 스테인리스볼, 바가지, 면보

40~70일 정도 발효된 장물과 메주의 말랑거리는 정도의 변화를 보면서 건진다.

건진 메주 속 곰팡이 중 노랑곰팡이, 붉은곰팡이, 푸른곰팡이 등은 장맛을 좋게 하는 곰팡이므로 함께 치대고 검은곰팡이는 맛을 변질시킬 수 있으니 제거한다.

장물을 부으면서 농도가 걸죽할 정도로 맞추면서 메주를 잘게 으깨준다.

간장물은 면보에 걸러 간장항아리에 담는다.

으깨진 메주를 잘 치대고 기호에 따라 메줏가루, 고추씨가루를 넣기도 한다.

된장과 간장을 각 항아리에 나누어 담아 숙성시킨다.

✓ 된장과 간장을 분리 후 바람과 햇볕이 잘 통하도록 자주 들여다보고 날씨가 더워지면 수분이 지나치게 날아갈 수 있으니 유리뚜껑에서 항아리뚜껑으로 바꿔줍니다.

메주 1장으로 장 담그기

준비물
메주1장, 소금 1kg, 물 4ℓ, 대추 4~5알, 건고추 3~4개, 대나무살 3~4개,
7ℓ 항아리, 면보

※ 메주:소금:물 비율은 담그는 월에 따라 조금씩 다를 수 있으며 아파트 특성을 고려해 19보오메로 맞춤

1. 항아리를 소독하고 메주는 솔을 이용해 털어준다.

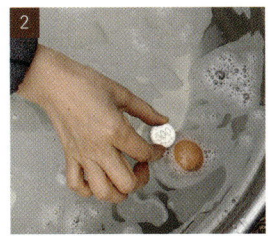

2. 물 4ℓ에 준비된 소금을 넣어 소금물을 만든다.
아파트 특성을 고려하여 염도를 19보오메로 맞춘다.

3. 소독한 항아리에 메주를 담고 고정시킨다.

4. 면보에 거른 소금물을 붓는다. 메주가 소금물 바깥으로 나오지 않도록 한다.

5. 숯을 달구어 넣고 대추와 고추도 넣는다.

6. 항아리 뚜껑을 닫은 채로 3일~7일간 둔 뒤 유리뚜껑으로 바꿔준다.

✓ 메주 1장으로 장 담그기는 장을 처음 담그는 초보자에게 장 담그기 경험과 초보자로서 실패에 대한 부담을 줄이기 위해 베란다 장독대를 제안하는 방법입니다.

메주 1장 장가르기 과정

준비물
4ℓ 항아리, 메주 치댈 스테인리스볼, 면보

메주는 양푼에 건져낸다.

건진 메주는 장물을 부으면서 농도가 걸쭉할 정도록 잘 으깨준다.

항아리에 채반을 걸치고 면보를 펴 놓은 뒤 장물을 부어 거른다.

잘 으깨진 된장을 항아리에 담고 위 부분을 깔끔하게 정리한다. 다시마나 웃소금을 얹어 곰팡이가 피지 않도록 한다.

된장, 간장으로 장가르기 한 항아리를 햇빛과 바람이 잘 통하는 곳에 두고 숙성시킨다.

✓ 문화재청은 2019년 1월 9일 콩을 발효시키는 과정을 통해 만들어지는 '장™ 담그기'를 국가무형문화재 제137호로 지정함.

자연의 재료로 만든 한살림양념

정리 한살림가공생산연합회

※ 이 책에 소개된 한살림양념 물품 중 일부 물품은 상황에 따라 공급이 중단될 수도 있으니 참고하세요.

소금

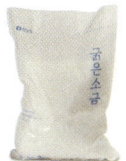

굵은소금

5~9월 생산된 천일염으로 염도가 적당하고 쓴맛 없이 깔끔하다. 젓갈, 장을 담그거나 김치 등 절임용으로 이용하기 좋다.

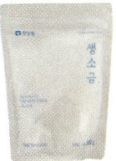

생소금

천일염을 세척하여 곱게 분쇄한 것으로 입자가 곱고 국이나 찌개를 끓일 때 국간장과 함께 이용하면 좋다.

볶은소금

200℃ 정도의 온도에서 40분 정도 볶은 것으로 주로 무침이나 생채에 이용하면 좋다.

볶은왕소금

200℃ 정도의 온도에서 40분 정도 볶은 것으로 구이용 고기나 생선, 볶음요리에 이용하기 좋다.

함초소금

함초는 염전 주변에서 자생하는 식물로, 각종 미네랄과 식이섬유가 풍부하다. 볶은 소금에 함초 분말을 더해 만든 것으로 염도가 낮은 편이다.

죽염

죽염은 소금의 유익성분을 극대화하기 위해 가공된 식품이다. 죽염을 넣은 음식은 색상이 옅은 회색을 띈다. 일반 소금과 같은 양으로 사용한다.

기름

기름은 조금씩 구입해서 개봉 후에는 되도록
빨리 먹는 것이 좋다. 사용한 후에는 꼭 뚜껑을 닫는다.

참기름
국산 참깨만을 사용하여 170~180℃에서 볶아 만든다.

고추씨기름
100% 국산 홍고추씨를 70~100℃로 건조시켜 압착 착유한 것으로 다른 첨가물이나 기름류와 섞지 않아 홍고추의 맛과 향이 진하다.

들기름
국산 들깨만을 사용하여 저온 140~150℃에서 볶아 만든다. 직사광선을 피해 서늘한 곳에 보관하는게 좋다.

현미유
국내에서 구할 수 있는 원재료 쌀겨로 만드는 식용유로 일반 식용유에 비해 느끼한 맛이 적고 담백하다. 발연점이 높아 다양한 요리에 사용 가능하다.

생들기름
볶거나 스팀에 찌지 않은 국산 생들깨를 분쇄한 후 그대로 압착기에 넣어 기름을 짜내어 고소한 맛과 향이 살아 있다. 가급적 가열하지 않는 요리에 이용하면 좋다.

유기농압착콩기름
러시아에서 NON GMO 콩을 유기 재배하여 압착 방식으로 제조하였다. 각종 튀김, 부침, 구이 등 다양한 요리에 사용 가능하다.

간장

한살림 간장은 첨가물이 없어 곰팡이가 낄 수 있으니 개봉 후에는 꼭 냉장 보관하는 것이 좋다.

산골간장

무농약 콩과 국산 부재료만으로 숙성하여 제대로 맛을 낸 재래식 국간장이다. 경북 울진의 깨끗한 환경에서 숙성해 깊은 맛을 담은 간장이다.

맛간장

간장과 멸치, 다시마, 가다랑어 등 해산물을 진하게 농축해 만들었다. 다양한 요리에 조미료처럼 사용할 수 있다.

조선간장

100% 국산 햇콩 메주를 충분히 우려내 전통 항아리에서 1년 이상 숙성한 재래식 간장이다. 일반 국간장과 같은 용도로 국이나 찌개, 나물 요리에 사용된다.

진간장

국산 콩과 국산 종국, 우리밀로 생산하여 6개월 이상 자연 숙성했다. 간장의 색이 연해 시중 간장의 절반 정도만 넣어 간을 보며 소량씩 더하며 사용한다.

제주전통어간장

콩간장을 사용하지 않은 수산 발효식품으로 제주산 고등어와 전갱이를 옹기에 숙성해 만들었다.

장류

우리밀고추장성미

생산자가 직접 만든 찹쌀조청과 메주콩분말을 넣고 우리밀을 섞어 만들어 항아리에서 6개월이상 숙성한 고추장이다. 전통식품 인증을 받은 물품이다.

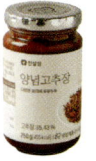

양념고추장

찹쌀고추장에 고춧가루 등 국산 원재료를 더해 만들었고, 사과농축액을 넣어 부드러운 풍미를 살렸다.

찹쌀고추장솔뫼

유기재배한 고춧가루로 솔뫼영농조합에서 직접 만든 엿기름을 사용해 8개월 간의 숙성기간을 거쳐 만들었다. 속리산 자락 해발 250m에 위치한 괴산군 청천면에서 깨끗한 자연의 맛을 듬뿍 담아 만들었다.

조선된장

국산 무농약 콩으로 만든 메주에 1년 이상 간수를 뺀 천일염을 넣고 전통항아리에 1년 정도 숙성해 만든다. 좋은 재료로 만들어 된장이 차지고, 깊고 구수한 맛이 일품이다.
다농식품의 조정숙 생산자는 농림축산식품부에서 지정한 대한민국 식품명인 제78호로 전통 된장의 명맥을 이어가고 있다.

초고추장

유기농 고추로 담근 고추장과 고춧가루, 현미식초, 국산 부재료로 새콤달콤하게 만들었다. 배농축액과 사과농축액을 넣어 상큼하고 부드러운 맛과 풍성함을 더했다.

산골된장

국산 무농약 메주콩으로 빚은 메주를 이용해 전통방식으로 정성껏 만들어 경북 울진의 깨끗한 환경에서 1년 이상 숙성해 고향의 맛이 가득 담긴 구수한 된장이다. 국내 유일의 발효식품 전문 시상식인 '2021년 제2회 참발효어워즈 된장부문 대상'을 수상했다.

막장

간장을 빼지 않고 통메주를 그대로 갈아 만든 강원도식 막장으로 재래식 항아리에서 6개월 이상 숙성시켰다. 된장에 비해 색이 짙고 단맛이 있다.

식초

오곡명초

전통 쌀누룩을 띄워 발효제로 땅 속 황토옹기에서 1년 이상 숙성시켜 만든 곡물식초이다. 총산 함량은 5%이다. 전통식품 인증을 받은 물품이다.

유기농현미식초

유기농 현미와 유기농 엿기름으로 만들었고, 현미 특유의 곡물취가 적고, 깔끔한 성상으로 생산된다. 총산 함량은 5% 이상이다.

사과식초

국산 사과를 주정과 과당 없이 발효시켜 만들었다. 총산 함량은 5% 이상 이다.

토마토식초

한살림 유기농 토마토를 원재료로 만들었다. 총산 함량은 6~7%이다.

감식초

전북 완주에서 유기 재배한 감으로 감에 있는 자연상태의 효모만을 이용해 1년 이상 정성껏 숙성시켰다. 총산도는 2.6% 이상이다.
HACCP 식품안전관리인증기준 인증시설에서 생산하며 유기가공식품 인증을 획득했다.

감귤농축식초

제주 감귤 100% 농축액을 땅 속 항아리에서 2개월 이상 발효해 만들었다. 감귤농축식초는 발사믹식초처럼 점성이 있어 올리브오일 등과 섞어 샐러드용 소스로 사용하면 좋다.
총산도는 5% 이상이다.

사과농축식초

국산 사과 농축액을 주정과 과당 없이 항아리에서 알코올발효 2개월, 초산발효 2개월 이상의 자연발효를 거친 후 땅속 황토옹기에서 1년 이상 숙성시켜 만들었다. 걸쭉하고 진한 농도를 가진 고농축 식초로, 발사믹식초와 동일하게 이용할 수 있다. 총산 함량은 5% 이상이다.

단맛재료

아카시아꿀

항생제와 인위적인 농축 과정 없이 생산한 자연 100% 그대로의 아카시아꿀이다. 아카시아꽃이 피기 전에 채밀한 꿀은 사용하지 않기 때문에 색이 맑고 투명하며 고유의 맛과 향이 살아 있다.

야생화꿀

항생제와 인위적인 농축과정 없이 6월초에서 7월 사이 채밀한 야생화꿀이다. 봄부터 초여름까지 여러 종류의 꽃에서 채밀하여 다양한 영양성분이 함유되어 있다.

쌀조청

한살림 유기멥쌀과 유기엿기름을 전통방식 그대로 정성껏 고아 만든 쌀조청이다. 전통식품 인증 받은 물품이다.

배농축액

한살림 참여인증 배를 착즙한 후 저온에서 6~7배 농축하여 배의 맛과 영양을 온전하게 보존했다. 건강하게 단맛을 더할 수 있다.

사과농축액

고급 요리당으로 물엿이나 설탕 대신 사용 가능하고 샐러드드레싱이나 각종 절임, 볶음요리에 사과의 달콤한 향과 영양을 더할 수 있고, 물에 희석해 음료로 즐길 수 있다.

유기쌀올리고당

국산 유기농 쌀을 주원료 만든 이소말토 쌀올리고당이다. HACCP식품안전관리인증 기준 인증시설에서 생산하며 유기가공식품 인증을 획득했다.

젓갈

멸치액젓
추자도 근해에서 잡은 젓갈용 멸치를 천일염으로 절여 숙성시켜 고유의 맛과 향이 오래 지속된다.

까나리액젓
국내산 까나리와 국내산 천일염만을 배합하여 12개월 이상 숙성시킨 원액 100%, 순수액젓이다. 색깔이 곱고 맛이 뛰어나며 음식의 감칠맛을 높여 준다.

참새우젓
임자도 근해에서 봄, 가을철에 어획한 새우로 배 위에서부터 절인 후 5℃의 전용 저장고에서 4개월 이상 저온 숙성시켜 만든다. 추젓에 속하는 참새우젓은 껍질이 얇아 김치나 찌개용으로 많이 사용된다.

새우육젓
6월에 잡은 새우는 살이 통통하게 올라 있어 새우젓 중에서는 육젓을 최고로 친다. 전남 신안군 임자도 근해에서 6월에 어획하여 배 위에서 바로 절여 4~5개월 이상 숙성시켜 만든다.

양념가루

고춧가루
유기재배한 고추로 일반 고춧가루와 달리 55℃ 이하에서 3~4일 동안 저온 건조하여 자연적인 맛과 향이 그대로 살아있다. 씨를 반만 제거하여 맛이 부드럽다. HACCP 인증시설에서 생산한다.

울금가루
유기농 울금을 깨끗하게 세척한 뒤 동결건조해 가루를 낸 것으로 돼지고기, 생선요리 등에 뿌리면 잡냄새를 없애주고, 물이나 우유, 두유에 타 마셔도 좋다. * 임산부는 섭취를 금합니다.

들깨가루
국산 들깨를 물에 일어 이물질을 제거 후 볶아 2~3회에 걸쳐 겉껍질을 없앤 후 가루를 냈다.

다시마가루
전남 완도 근해에서 채취한 국내산 다시마를 태양 건조해 그대로 가루를 냈다.

참맛가루
남해에서 잡은 멸치, 다시마, 새우와 무농약 표고 버섯으로 만든다.

새우가루
해금강 앞바다에서 잡은 싱싱한 새우를 깨끗이 말려 가루를 냈다.

표고가루
유기재배한 표고를 완전 건조하여 가루를 냈다.

해물담은 육수한알
천연재료의 해산물로 이용이 편리하게 만들었다.

소스

국산굴로 만든 굴소스
굴 농축액 함량이 47%로 굴 특유의 향미가 각종 볶음, 조림 요리에 깊고 풍부한 맛을 더해준다.

요구르트샐러드소스
한살림 유기농우유를 발효하고 유자로 상큼한 맛을 더한 발효요구르트 드레싱이다.

간장샐러드소스

한살림 진간장과 식초 등을 사용해 안전하고 감칠맛 나게 만들었다. 각종 요리의 소스 및 드레싱으로 이용한다.

참깨샐러드소스

국산 참깨와 한살림 마요네즈로 만들어 맛이 진하고 고소한 샐러드소스이다.

돈가스소스

토마토, 사과, 양파 등 다양한 과일과 채소로 만들어 달콤 상큼한 맛과 향으로 돈가스의 본연을 맛을 살려주는 소스이다.

스위트칠리소스

아이들도 먹기 편하도록 고춧가루 입자 대신 파프리카를 조각내 사용하였고 새콤달콤한 맛 뒤에 매콤함이 은은하게 퍼지고 다양한 요리에 두루 활용하기 좋다.

타르타르소스

한살림 마요네즈에 오이피클, 양파, 현미사과식초 등을 더해 고소하고 상큼한 맛이 나고 생선가스나 오징어튀김, 새우튀김 등과 잘 어울리는 소스이다.

땅콩크림

버터를 넣지 않고 국산 땅콩을 주원료로 만들었다.

기타양념

마요네즈

유정란과 현미유, 토마토식초를 넣어 만들었다.

농축토마토

유기 재배한 토마토를 갈아서 퓨레로 만든 뒤 진공농축기로 5배 농축하였다.

유기농토마토케찹

유기 재배한 토마토로 식품첨가물 없이 건강하게 만들었다. 유기가공식품 인증을 받은 물품이다.

미온

증류주에 약쑥, 솔잎, 생강 등 약초와 채소류를 침출시켜 정제한 리큐르이다. 음식의 감칠맛과 깊은 풍미를 살려준다.

간편양념

요리 초보부터 고수까지 누구나 맛있는 양념을 소개합니다.

유해성분 없이 요리를 쉽고 빠르게 하는 한살림 조리도구 및 주방용품

전통옹기

황토로 빚어 천연유약을 발라 굽는다.
납성분이 들어 있는 유해한 광명단 등을 사용하지 않으며, 고집스럽게 전통적인 기법만을 재현하여 옹기를 만들고 있다.
자연적인 발효가 이루어져야 제맛을 내는 김치는 물론 고추장, 된장, 간장 등의 보관에 좋다.
옹기류, 뚝배기류, 생활식기류 등 모든 품목을 골고루 공급한다.

옻칠용품

국산 원목을 사용하여 옻칠한 후 세심하게 다듬어 만든다. 옻은 천연도료로 부식을 막는 기능이 있으며, 옻칠 생활용품은 방수, 방충, 방부 효과가 있는 것으로 잘 알려져 있다. 옻칠은 어둡고 습한 곳에서만 마르는 성질이 있어 습한 날씨일수록 더욱 보송해지는 특징이 있다.
오래 사용하다보면 부분적으로 조금씩 마모되고 나무의 본연의 색깔이 나타나는데, 옻칠이 스며들어 있으므로 사용하는 데는 문제가 없다.

무쇠

선철 100%로 만들어 유해물질로부터 안전한 조리도구이다. 가스렌지, 인덕션, 하이라이트, 핫플레이트 등 모든 열원에서 사용할 수 있다. 빠른 열전도와 높은 복사열로 음식 조리시간이 빨라 영양손실이 적고 바닥이 두꺼워서 밥솥은 물론 여러 가지 탕이나 국을 끓이는 솥으로도 이용하기 좋다. 기름을 흡수하므로 음식을 하면 담백하고 깊은 맛이 나며, 삼겹살 등의 고기를 구울 때도 냄새 없이 노릇노릇하게 구워진다.

스테인리스 주방용품

코팅제 걱정 없이 안전하게 쓸 수 있으며, 바닥만 3중인 일반제품과 달리 통3중 스테인리스-알루미늄-스테인리스으로 만들어 열전도율과 보존율이 좋다. 스테인리스는 녹이 쉽게 생기지 않고 가열해도 중금속이나 유해물질이 생기지 않아 유용하게 쓰인다.
스테인리스 제품은 연마제가 남아 있을 수 있으니 꼭 깨끗하게 세척한 후 사용한다.

유기

유기는 부패균을 살균하여 각종 채소나 생선 등 음식물이 오랫동안 변하지 않고 싱싱함이 유지되며 인체의 해로운 것을 예방 해준다고 한다.

수세미

자연 그대로의 수세미 열매를 가공해 만들어 미세 플라스틱 걱정 없이 설거지할 수 있다. 사용 후 다시 자연으로 돌아가는 자연친화 물품이다.

원목조리도구

통원목을 가공한 친환경 조리기구로 벚나무, 편백나무 등으로 만든 도마, 주걱 등이 있다

주방용물비누

비누분 및 식물유래 계면활성제를 사용해 분해가 빠르고 인체와 환경에 안전하다.

생활자기

백토, 규석, 장석을 태토 등으로 만든 그릇에 유약을 발라 높은 온도에서 만든 자기는 입자가 작고 엉김이 치밀해 흡수성이 없어 음식을 담는 식기로 적당하다.

감귤식초 주방세제

식물성 세정성분을 사용하여 기름 세척력을 보완한 주방용 세제로 상큼한 감귤향이 난다.

스테인리스통

정품 스테인리스로 만든 김치통으로 밀폐력이 강하다.

주방용 살균수

식품 또는 인체에 영향을 줄 수 있는 위해 성분을 최대한 배제한 가정용 식물성 살균소독수이다.

한살림
식생활센터가 하는 일

자연과 사람이 조화로운
식생활 문화 확산을 위한
활동 및 교육 프로그램 기획

식생활 활동 및 교육 활동
프로그램 개발 및 자료 수집

타 단체 및 기관에서 위탁하는
식생활 연구 과제 수행

식생활 교육 활동
전문 인력 양성

식생활 교육 관련
타 기관과 협력

회원조직 식생활 활동 활성화를
위한 지원 및 정보 공유

식생활 활동가 역량 강화
연수 및 포럼 진행

자연과 사람이 조화로운
먹거리 환경을 위한
사회 참여 활동

전통 식생활문화
확산을 위한 활동 지원

홈페이지 http://foodlife.hansalim.or.kr
다음카페 http://cafe.daum.net/hansalimfoodlife **전화** 02-6715-9419

ㄱ

가지냉떡국	44
가지말림볶음	173
가지양념덮밥	43
간장양파덮밥	32
감귤무채	91
감자치즈전	41
갓끈동부볶음	172
게걸무김치	168
고구마맛탕	65
고구마무생채	66
고구마순잡채	47
고구마크럼블	67
고들빼기김치	139
고등어자반찜	148
고수&마늘종고기덮밥	48
고추간장	64
고추장빠에야	34
깍두기	138
깻잎된장장아찌	126

ㄴ

나박김치	140
냉이달걀말이	178
냉이바지락밥	117
냉잔치국수	50
노각장아찌	166
눈개승마육개장	162

ㄷ

닭봉&채소튀김	23
당근스프	68
돌미나리도토리묵무침	25
돼지고기감자찌개	42
된장덮밥	62
된장유산슬	38
두릅김치	22
두부소보로덮밥	92
두부조림	94
두부찌개	96
두부케찹조림	95
들깨소스리소토	71
떠먹는 두부피자	97

ㅁ

마파가지현미덮밥	46
막장찌개	63
매생이굴떡국	151
매생이굴리소토	99
매실장아찌	136
매실청	135
머위대볶음	163
머위두부밥	156
멍게감자물김치	115
메밀국수샐러드	49
멸치감자조림	51
무밥	100
무어리굴젓	192
무전	101
무채간장장아찌	141
무포타주	102
묵은지잡채	52
미나리김치	118
미나리메밀전	26
미니두부밥버거	98
미역볶음밥	104

ㅂ

바람떡	124
바지락볶음우동	27
방풍나물돼지고기두루치기	28
배배무덮밥	72
배추김치	146
배추볶음	108
배추선	145
버섯들깨탕	70
버섯채소잡채	73
보리열무김치	127
봄동겉절이	180
북어찜	150
브로콜리두부덮밥	75
브로콜리딸기무침	24
비빔국수	182
빙떡	149
보글이장	74
뿌리채소볶음	86
뿌리채소솥밥	90

213

ㅅ

사과파이	76
사과팬케이크	77
사찰식 호박전	61
산나물감자수제비파스타	31
삼치간장조림	103
상추쑥갓겉절이	29
섞박지	142
수리취떡	125
시금치유정란만두	105
시금치채식카레	106
시금치홍맛볶음	190
쑥굴레	122
쑥베지볼스프	164
쑥조갯국	157

ㅇ

아욱국	78
앉은키밀컵케이크	165
알토란들깨탕	170
애탕	119
양배추라페	82
양배추스테이크	80
양배추햄오믈렛	79
양파가스	36
양파짜장볶음	35
어린잎채소네모김밥	37
얼갈이열무김치	128
여름채소라자냐	60
연근조림	85
오과차	144
오신반	114
오이감정	134
오이고추된장무침	58
오이부추김치	129
오이송송이	130
오징어누룽지탕	54
우엉김치	143
우엉돼지고기소보로덮밥	88
우엉조림	184
우엉조림	87
우엉찹쌀전병	89
육수	188
잎마늘콩가루찜	40

ㅈ

잔치국수	186
죽순겨자채	121
죽순밥	158
죽순버섯볶음	160
쪽파부추김치	131

ㅊ

찰옥수수전	167
참외된장장아찌	132
참외쏨땀국수	55
채식김치만두	53
채식팔보채	109
초계탕	133
치아바타샌드위치	56

ㅋ

콩나물해장국	107

ㅌ

탕평채	120
토마토두부소스	59
토박이콩스프	169
토박이콩청국장파스타	174
톳간장장아찌	116
톳두부장떡	39

ㅎ

핫도그케찹떡볶이	83
햄버거덮밥	84
홍화나물육전	159
훈제오리봄나물샐러드	30